Sherlock Holmes Vol 1

*Spanish English Side By Side
Dual Language Classics*

Título original:
THE ADVENTURES OF SHERLOCK HOLMES
by SIR ARTHUR CONAN DOYLE

Includes original english text with translation.

Copyright © 2010 by Forgotten Films, LLC
All Rights Reserved.

Printing History: First Edition 2010
Printed in U.S.A.

ISBN 1453755764
EAN-13 9781453755761

spanishenglishbooks.com

Preface

Now for the first time ever, students of the spanish language can enjoy the classic stories of Sir Arthur Conan Doyle and his ever so popular master detective, Sherlock Holmes.

Meant as a suppliment for learning spanish, reading often in spanish will help the student grasp the flow of the language. The side by side text is meant for quick reference to words or phrases unknown to the reader. Instead of needing to stop and lookup words in a dictionary, you can quickly glance across the page for the general meaning in your native tongue so that the flow and enjoyment of the story is uninterrupted.

We hope you enjoy Las Aventuras de Sherlock Holmes Volume 1, which include the classic cases: A Scandal in Bohemia; The Red-headed League; A Case of Identity.

Table of Contents

Adventure I. A Scandal in Bohemia
Aventura I. Un Escándalo en Bohemia   5

Adventure II. The Red-headed League
Aventura II. La Liga Pelirrojo   49

Adventure III. A Case of Identity
Aventura III. Un Caso de la Identidad   91

Aventura I. Un Escándalo en Bohemia

Para Sherlock Holmes ella es siempre LA mujer. Pocas veces he oído hablar de ella bajo otro nombre. En sus ojos, ella eclipsa y domina la totalidad de su sexo. No era que sentía una emoción semejante al amor a Irene Adler. Todas las emociones, y que un particular, se repugnan a su mente fría y precisa pero admirablemente equilibrada. Era, a mi entender, el razonamiento más perfecta y la observación de la máquina que el mundo ha visto, pero como amante se habría colocado en una posición falsa. Nunca hablaba de las pasiones más suave, salvo con una burla y mofa uno. Eran cosas admirables para el observador - excelente para dibujar el velo de motivos de los hombres y las acciones. Pero para el razonador capacitado para admitir tales intrusiones en su propio temperamento delicado y finamente ajustado era introducir un factor de distracción que pudiera arrojar una duda sobre todos sus resultados mental. Hay polvo en un instrumento sensible, o una grieta en una de sus propias lentes de alta potencia, no sería más inquietante que una emoción fuerte en una naturaleza como la suya. Y sin embargo, no había más que una mujer para él, y esa mujer era el fallecido Irene Adler, de la memoria dudosa y cuestionable.

ADVENTURE I. A SCANDAL IN BOHEMIA

To Sherlock Holmes she is always THE woman. I have seldom heard him mention her under any other name. In his eyes she eclipses and predominates the whole of her sex. It was not that he felt any emotion akin to love for Irene Adler. All emotions, and that one particularly, were abhorrent to his cold, precise but admirably balanced mind. He was, I take it, the most perfect reasoning and observing machine that the world has seen, but as a lover he would have placed himself in a false position. He never spoke of the softer passions, save with a gibe and a sneer. They were admirable things for the observer-- excellent for drawing the veil from men's motives and actions. But for the trained reasoner to admit such intrusions into his own delicate and finely adjusted temperament was to introduce a distracting factor which might throw a doubt upon all his mental results.
Grit in a sensitive instrument, or a crack in one of his own high-power lenses, would not be more disturbing than a strong emotion in a nature such as his. And yet there was but one woman to him, and that woman was the late Irene Adler, of dubious and questionable memory.

Yo había visto muy poco de Holmes últimamente. Mi matrimonio nos había alejado unos de otros. Mi propia felicidad completa, y los intereses centrados en el hogar que se han levantado en todo el primer hombre que encuentra a sí mismo dueño de su propio establecimiento, fueron suficientes para absorber toda mi atención, mientras que Holmes, que detestaba toda forma de sociedad con su alma bohemia conjunto, permaneció en nuestros aposentos de Baker Street, sepultado entre sus viejos libros y alternando de una semana a otra entre la cocaína y la ambición, la somnolencia de la droga, y la feroz energía de su naturaleza propia agudo. Todavía estaba, como siempre, profundamente atraído por el estudio de la delincuencia, y ocuparon sus facultades inmenso y extraordinarios poderes de observación en el seguimiento de esas pistas, y el esclarecimiento de esos misterios que había sido abandonada como desesperada por la policía oficial. De vez en cuando he oído en cuenta en alguna vaga de sus obras: de su citación a Odessa en el caso del asesinato Trepoff, de su esclarecimiento de la tragedia singular de los hermanos Atkinson en Trincomalee y, finalmente, de la misión que él había logrado tan delicadamente y con éxito para la familia real de Holanda. Más allá de estas señales de su actividad, sin embargo, que sólo compartirse con todos los lectores de la prensa diaria, sabía muy poco de mi antiguo amigo y compañero.

Una noche - fue el veinte de marzo de 1888 - estaba regresando de un viaje a un paciente (porque yo había vuelto a la práctica civil), cuando mi camino me llevó a través de Baker Street. Al pasar la puerta que tan bien recordaba, que siempre debe estar asociado en mi mente con mi cortejo, y con los incidentes oscuro del Estudio en escarlata, se apoderó de mí un vivo deseo de ver a Holmes de nuevo, y para saber cómo estaba emplear sus poderes extraordinarios. Sus habitaciones estaban brillantemente iluminadas, y, aun cuando levanté la vista, vi su figura alta, repuesto pasar dos veces en una silueta oscura contra el ciego. Estaba paseando por la habitación con rapidez, con entusiasmo, con la cabeza caída sobre el pecho y las manos entrelazadas detrás de él. Para mí, que conocía a cada uno de sus estado de ánimo y el hábito, su actitud y manera le dijeron a su propia historia. Él estaba en el trabajo de nuevo. Había salido de sus sueños creados con la droga y hacía calor en el aroma de un nuevo problema. Toqué el timbre y se muestra hasta la cámara que antes había sido en parte mi propia.

Su actitud no fue efusivo. Rara vez fue, pero estaba contento, creo yo, para verme. Con apenas una palabra hablada, pero con una mirada amable, me saludó con la mano un sillón, lanzó a través de su caso de los puros, y señaló un espíritu y un caso de gasógeno en un rincón. Luego se adelantó el fuego y me miró a su manera introspectiva singular.

I had seen little of Holmes lately. My marriage had drifted us away from each other. My own complete happiness, and the home-centred interests which rise up around the man who first finds himself master of his own establishment, were sufficient to absorb all my attention, while Holmes, who loathed every form of society with his whole Bohemian soul, remained in our lodgings in Baker Street, buried among his old books, and alternating from week to week between cocaine and ambition, the drowsiness of the drug, and the fierce energy of his own keen nature. He was still, as ever, deeply attracted by the study of crime, and occupied his immense faculties and extraordinary powers of observation in following out those clues, and clearing up those mysteries which had been abandoned as hopeless by the official police. From time to time I heard some vague account of his doings: of his summons to Odessa in the case of the Trepoff murder, of his clearing up of the singular tragedy of the Atkinson brothers at Trincomalee, and finally of the mission which he had accomplished so delicately and successfully for the reigning family of Holland. Beyond these signs of his activity, however, which I merely shared with all the readers of the daily press, I knew little of my former friend and companion.

One night--it was on the twentieth of March, 1888--I was returning from a journey to a patient (for I had now returned to civil practice), when my way led me through Baker Street. As I passed the well-remembered door, which must always be associated in my mind with my wooing, and with the dark incidents of the Study in Scarlet, I was seized with a keen desire to see Holmes again, and to know how he was employing his extraordinary powers. His rooms were brilliantly lit, and, even as I looked up, I saw his tall, spare figure pass twice in a dark silhouette against the blind. He was pacing the room swiftly, eagerly, with his head sunk upon his chest and his hands clasped behind him. To me, who knew his every mood and habit, his attitude and manner told their own story. He was at work again. He had risen out of his drug-created dreams and was hot upon the scent of some new problem. I rang the bell and was shown up to the chamber which had formerly been in part my own.

His manner was not effusive. It seldom was; but he was glad, I think, to see me. With hardly a word spoken, but with a kindly eye, he waved me to an armchair, threw across his case of cigars, and indicated a spirit case and a gasogene in the corner. Then he stood before the fire and looked me over in his singular introspective fashion.

—Matrimonio le convenga —remarcó. —Creo, Watson, que usted ha puesto en siete libras y media desde que te vi.
—¡Siete! —Yo le respondí.
—De hecho, yo debería haber pensado un poco más. Sólo un poco más, me parece, Watson. Y en la práctica una vez más, observo. Usted no me dijo que la intención de ir en el arnés—.
-Entonces, ¿cómo lo sabes?—
—Lo veo, lo deducimos. ¿Cómo sé que te has estado poniendo muy mojada últimamente, y que tiene una sirvienta más torpe y descuidada?
-Mi querido Holmes -le dije-, esto es demasiado. Ciertamente habría sido quemado, si hubieras vivido hace unos pocos siglos. Es cierto que tuve un paseo por el campo el jueves y regresó a casa en un lío terrible, pero como he cambiado mi ropa no me puedo imaginar cómo lo deducimos. En cuanto a Mary Jane, ella es incorregible, y mi mujer le ha dado aviso, pero, de nuevo, no veo cómo solucionarlo—.
Se rió para sus adentros y se frotó las manos largas y nerviosas juntos.
—Es la sencillez misma -dijo-, mis ojos me dicen que en el interior de su zapato izquierdo, justo donde la luz del fuego que las huelgas, el cuero está marcado por seis cortes casi paralelos. Es obvio que haber sido causado por alguien que tiene muy descuidadamente raspado alrededor de los bordes de la suela para quitar costras de lodo de ella. Por lo tanto, usted ve, mi doble deducción de que había salido con tiempo vil, y que había un ejemplar particularmente maligno corte de arranque de la esclava de Londres. En cuanto a su práctica, si un señor entra en mis habitaciones oliendo a yodoformo, con un punto negro de nitrato de plata en su dedo índice derecho, y un bulto en el costado derecho de su sombrero de copa para mostrar donde ha segregado su estetoscopio , tengo que ser aburrido, de hecho, si no lo declarará a ser un miembro activo de la profesión médica.
No pude contener la risa ante la facilidad con la que explicó su proceso de deducción. —Cuando escucho que justifique su opinión —observé-, la cosa se me aparece siempre a ser tan ridículamente simple que fácilmente podría hacerlo yo mismo, aunque en cada caso sucesivas de su razonamiento me desconcierta hasta que explican su proceso. Y sin embargo, creo que mis ojos son tan buenas como la tuya.
-Así es -respondió él-, encendiendo un cigarrillo y dejándose caer hacia abajo en un sillón. —Usted ve, pero usted no observa. La distinción es clara. Por ejemplo, a menudo has visto los pasos que conducen desde el vestíbulo a este cuarto.

"Wedlock suits you," he remarked. "I think, Watson, that you have put on seven and a half pounds since I saw you."

"Seven!" I answered.

"Indeed, I should have thought a little more. Just a trifle more, I fancy, Watson. And in practice again, I observe. You did not tell me that you intended to go into harness."

"Then, how do you know?"

"I see it, I deduce it. How do I know that you have been getting yourself very wet lately, and that you have a most clumsy and careless servant girl?"

"My dear Holmes," said I, "this is too much. You would certainly have been burned, had you lived a few centuries ago. It is true that I had a country walk on Thursday and came home in a dreadful mess, but as I have changed my clothes I can't imagine how you deduce it. As to Mary Jane, she is incorrigible, and my wife has given her notice, but there, again, I fail to see how you work it out."

He chuckled to himself and rubbed his long, nervous hands together.

"It is simplicity itself," said he; "my eyes tell me that on the inside of your left shoe, just where the firelight strikes it, the leather is scored by six almost parallel cuts. Obviously they have been caused by someone who has very carelessly scraped round the edges of the sole in order to remove crusted mud from it. Hence, you see, my double deduction that you had been out in vile weather, and that you had a particularly malignant boot-slitting specimen of the London slavey. As to your practice, if a gentleman walks into my rooms smelling of iodoform, with a black mark of nitrate of silver upon his right forefinger, and a bulge on the right side of his top-hat to show where he has secreted his stethoscope, I must be dull, indeed, if I do not pronounce him to be an active member of the medical profession."

I could not help laughing at the ease with which he explained his process of deduction. "When I hear you give your reasons," I remarked, "the thing always appears to me to be so ridiculously simple that I could easily do it myself, though at each successive instance of your reasoning I am baffled until you explain your process. And yet I believe that my eyes are as good as yours."

"Quite so," he answered, lighting a cigarette, and throwing himself down into an armchair. "You see, but you do not observe. The distinction is clear. For example, you have frequently seen the steps which lead up from the hall to this room."

—Con frecuencia.
—¿Con qué frecuencia?
—Bueno, algunos cientos de veces.
-Entonces, ¿cuántos hay?
—¿Cuántos? No sé.
-¡Así es! No ha observado. Y sin embargo, han visto. Eso es sólo mi punto. Ahora, sé que hay diecisiete escalones, porque he visto y observado. Dicho sea de paso-, ya que usted está interesado en estos pequeños problemas, y como usted es lo suficientemente bueno hacer la crónica de uno o dos de mis insignificantes experiencias, usted puede estar interesado en esto—. Tiró sobre una hoja de espesor, pintada de rosa nota de papel que había logrado refugiarse abierta sobre la mesa. —Llegó al último puesto —dijo. —Leer en voz alta.
La nota fue sin fecha, y sin que ninguna firma o la dirección.
—Habrá un llamado a usted esta noche, al cuarto para las ocho —dijo él—, un caballero que desea consultarle sobre una cuestión del momento más profunda. Sus servicios recientemente a una de las casas reales de Europa han demostrado que usted es uno que con seguridad se puede confiar en los asuntos que son de una importancia que difícilmente puede ser exagerada. Esta cuenta de que hemos recibido de todas partes. Tenga en su cámara a continuación, a esa hora, y no lo tome mal si su visitante usar una máscara.
—Este es realmente un misterio— comenté. —¿Cómo te imaginas que eso significa?
—No tengo datos todavía Es un error capital teorizar antes de tener datos.. Sin darse cuenta, uno empieza a hechos giro a teorías, en lugar de las teorías a los hechos. Pero la nota en sí ¿Qué deducir de ella.?
Estudié con detenimiento la escritura, y el papel en que estaba escrito.
—El hombre que escribió que era presumiblemente así que hacer -comenté-, tratando de imitar los procesos de mi compañero. —Estos documentos no se puede comprar menos de la mitad de una corona un paquete. Es es muy fuerte y rígido.
—Peculiar--, que es la misma palabra —dijo Holmes. —No es un documento de Inglés a todos. Levántelo a la luz.
Así lo hice, y vi una gran «E» con una pequeña «g», una «P», y una gran «G» con una pequeña «t» de tejido en la textura del papel.
—¿Qué piensa usted de eso? -preguntó Holmes.
—El nombre de la persona que, sin duda, o su anagrama, más bien.
—No, en absoluto. La «G» con la «t» pequeña significa «Gesellschaft», que es el alemán para 'Compañía'. Es una contracción habitual, como nuestro Co. «P», por supuesto, significa «Papier». Ahora para el «Eg.». Echemos un vistazo a nuestra Continental nomenclátor.

"Frequently."

"How often?"

"Well, some hundreds of times."

"Then how many are there?"

"How many? I don't know."

"Quite so! You have not observed. And yet you have seen. That is just my point. Now, I know that there are seventeen steps, because I have both seen and observed. By-the-way, since you are interested in these little problems, and since you are good enough to chronicle one or two of my trifling experiences, you may be interested in this." He threw over a sheet of thick, pink-tinted note-paper which had been lying open upon the table. "It came by the last post," said he. "Read it aloud."

The note was undated, and without either signature or address.

"There will call upon you to-night, at a quarter to eight o'clock," it said, "a gentleman who desires to consult you upon a matter of the very deepest moment. Your recent services to one of the royal houses of Europe have shown that you are one who may safely be trusted with matters which are of an importance which can hardly be exaggerated. This account of you we have from all quarters received. Be in your chamber then at that hour, and do not take it amiss if your visitor wear a mask."

"This is indeed a mystery," I remarked. "What do you imagine that it means?"

"I have no data yet. It is a capital mistake to theorize before one has data. Insensibly one begins to twist facts to suit theories, instead of theories to suit facts. But the note itself. What do you deduce from it?"

I carefully examined the writing, and the paper upon which it was written.

"The man who wrote it was presumably well to do," I remarked, endeavouring to imitate my companion's processes. "Such paper could not be bought under half a crown a packet. It is peculiarly strong and stiff."

"Peculiar--that is the very word," said Holmes. "It is not an English paper at all. Hold it up to the light."

I did so, and saw a large "E" with a small "g," a "P," and a large "G" with a small "t" woven into the texture of the paper.

"What do you make of that?" asked Holmes.

"The name of the maker, no doubt; or his monogram, rather."

"Not at all. The 'G' with the small 't' stands for 'Gesellschaft,' which is the German for 'Company.' It is a customary contraction like our 'Co.' 'P,' of course, stands for 'Papier.' Now for the 'Eg.' Let us glance at our Continental Gazetteer."

—Él sacó un volumen de café pesados de sus estantes. — Eglow, Eglonitz -aquí estamos, Egria. Es en un país de habla alemana, en Bohemia, no lejos de Carlsbad. Notables como la escena de la muerte de Wallenstein, y por sus numerosas fábricas de vidrio y fábricas de papel. Ja, ja, hijo mío, ¿qué piensas de esto?— Sus ojos brillaban, y envió una gran nube triunfal azul de su cigarrillo.
—El trabajo se realizó en Bohemia-le dije.
-Precisamente. Y el hombre que escribió la nota está un alemán. ¿Usted nota la peculiar construcción de la frase - Cuenta-, «Este de ustedes que hemos recibido de todas partes». Un francés o el ruso no pudo haber escrito eso. Es el alemán que es tan descortés a sus verbos.
Sólo queda, por tanto, para descubrir lo que es buscado por este alemán que escribe sobre el papel de Bohemia y prefiere usar una máscara para mostrar su cara. Y aquí viene, si no me equivoco, a resolver todas nuestras dudas.
Mientras hablaba, se oyó el ruido agudo de cascos de caballos y las ruedas contra la banqueta reja, seguido de un tirón fuerte en la campana. Holmes lanzó un silbido.
—Un par, por el sonido —dijo. -Sí —continuó, mirando por la ventana—. Una pequeña y atractiva berlina y un par de bellezas. Ciento cincuenta guineas cada uno. Hay mucho dinero en este caso, Watson, si no hay nada más.
—Yo creo que mejor que me vaya, Holmes.
-En absoluto, doctor. Quédate donde estás. Estoy perdido sin mi Boswell. Y esto promete ser interesante. Sería una lástima que se pierda.
—Pero su cliente —
—No le hagas caso. Es posible que desee su ayuda, por lo que puede. Aquí viene. Siéntate en ese sillón, doctor, y nos dan su mejor atención.
Un paso lento y pesado, que se había oído en la escalera y en el pasillo, se detuvo de inmediato a la puerta. Luego hubo un toque fuerte y distintivo.
—¡Adelante! —dijo Holmes.
Entró un hombre que difícilmente podría haber sido menos de seis pies y seis pulgadas de altura, con el pecho y las extremidades de un Hércules. Su vestido era rico con una riqueza que, en Inglaterra, ser considerada como similar a la de mal gusto. bandas de heavy de astracán se redujo a través de las mangas y los frentes de su chaqueta de doble botonadura, mientras que el manto azul profundo que fue echado sobre sus hombros estaba forrado de seda color fuego y se amarran en el cuello con un broche que consistía en una sola llamas Beryl. Botas que se extendía hasta la mitad sus pantorrillas, y que fueron recortados en la parte superior de piel marrón rico, completó la impresión de opulencia bárbara que fue sugerida por toda su apariencia. Llevaba un sombrero de ala ancha en la mano, mientras que él llevaba en la parte superior de su rostro, que se extiende hacia abajo más allá de los pómulos, una máscara antifaz negro, que se había ajustado al parecer ese mismo momento, porque su mano seguía siendo elevada a lo al entrar.

He took down a heavy brown volume from his shelves. "Eglow, Eglonitz--here we are, Egria. It is in a German-speaking country--in Bohemia, not far from Carlsbad. 'Remarkable as being the scene of the death of Wallenstein, and for its numerous glass-factories and paper-mills.' Ha, ha, my boy, what do you make of that?" His eyes sparkled, and he sent up a great blue triumphant cloud from his cigarette.

"The paper was made in Bohemia," I said.

"Precisely. And the man who wrote the note is a German. Do you note the peculiar construction of the sentence--'This account of you we have from all quarters received.' A Frenchman or Russian could not have written that. It is the German who is so uncourteous to his verbs. It only remains, therefore, to discover what is wanted by this German who writes upon Bohemian paper and prefers wearing a mask to showing his face. And here he comes, if I am not mistaken, to resolve all our doubts."

As he spoke there was the sharp sound of horses' hoofs and grating wheels against the curb, followed by a sharp pull at the bell. Holmes whistled.

"A pair, by the sound," said he. "Yes," he continued, glancing out of the window. "A nice little brougham and a pair of beauties. A hundred and fifty guineas apiece. There's money in this case, Watson, if there is nothing else."

"I think that I had better go, Holmes."

"Not a bit, Doctor. Stay where you are. I am lost without my Boswell. And this promises to be interesting. It would be a pity to miss it."

"But your client--"

"Never mind him. I may want your help, and so may he. Here he comes. Sit down in that armchair, Doctor, and give us your best attention."

A slow and heavy step, which had been heard upon the stairs and in the passage, paused immediately outside the door. Then there was a loud and authoritative tap.

"Come in!" said Holmes.

A man entered who could hardly have been less than six feet six inches in height, with the chest and limbs of a Hercules. His dress was rich with a richness which would, in England, be looked upon as akin to bad taste. Heavy bands of astrakhan were slashed across the sleeves and fronts of his double-breasted coat, while the deep blue cloak which was thrown over his shoulders was lined with flame-coloured silk and secured at the neck with a brooch which consisted of a single flaming beryl. Boots which extended halfway up his calves, and which were trimmed at the tops with rich brown fur, completed the impression of barbaric opulence which was suggested by his whole appearance. He carried a broad-brimmed hat in his hand, while he wore across the upper part of his face, extending down past the cheekbones, a black vizard mask, which he had apparently adjusted that very moment, for his hand was still raised to it as he entered.

Desde la parte inferior de la cara que parecía ser un hombre de carácter fuerte, con un grueso labio, el ahorcamiento y una larga, la barbilla recta sugerente de la resolución empujó a la longitud de la obstinación.
-¿Recibió usted mi nota? —preguntó con una voz profunda y áspera y un acento alemán muy marcado-. Ya te dije que yo llamaría. Miró a uno ya otros de nosotros, como si no supiera que hacer frente.
-Por favor, siéntese -dijo Holmes—. Este es mi amigo y colega, el Dr. Watson, que en ocasiones es lo suficientemente bueno para que me ayude en mis casos. ¿A quién tengo el honor de dirigirme?
—Usted puede dirigirse a mí como el conde Von Kramm, un noble de Bohemia. Entiendo que este señor, tu amigo, es un hombre de honor y discreción, a quien puedo confiar un asunto de la importancia más extremas. Si no, me prefieren para comunicarse con usted a solas.
Me levanté para marcharme, pero Holmes me cogió por la muñeca y me empujó de nuevo en mi silla. —Es a la vez, o ninguno —dijo—. Usted puede decir nada antes de que este caballero, que usted puede decir a mí.
El conde se encogió de hombros anchos. -Entonces tengo que empezar —dijo—, al unirse a los dos a un secreto absoluto a dos años, al cabo de ese tiempo el asunto se carece de importancia. En la actualidad no es exagerado decir que es de tal peso que puede tener una influencia en la historia europea.
—Te lo prometo -dijo Holmes.
—Y yo—
—Usted se me permite esta máscara -continuó nuestro extraño visitante—. La augusta persona que emplee a mí los deseos de su representante para ser desconocidos para usted, y yo puedo confesar a la vez que el título por el que acabo de llamar a mí mismo no es exactamente el mío.
—Yo era consciente de ello —dijo Holmes secamente.
—Las circunstancias son de gran delicadeza, y todas las precauciones que deben adoptarse para apagar lo que podría llegar a ser un inmenso escándalo y ponen gravemente en peligro una de las familias reinantes de Europa. Para decirlo claramente, el asunto implica la gran Casa de Ormstein, hereditaria los reyes de Bohemia.
—También era consciente de eso —murmuró Holmes-, acomodándose en su butaca y cerrando los ojos.
Nuestro visitante miró con cierta sorpresa evidentes en el lánguido, descansar figura del hombre que había sido sin duda representa para él como el razonador más incisivo y más enérgico agente en Europa. Holmes volvió a abrir lentamente los ojos y miró con impaciencia a su gigantesco cliente.
—Si su Majestad se dignó estado de su caso —comentó—, Yo debería estar en mejores condiciones para aconsejarle.

From the lower part of the face he appeared to be a man of strong character, with a thick, hanging lip, and a long, straight chin suggestive of resolution pushed to the length of obstinacy.

"You had my note?" he asked with a deep harsh voice and a strongly marked German accent. "I told you that I would call." He looked from one to the other of us, as if uncertain which to address.

"Pray take a seat," said Holmes. "This is my friend and colleague, Dr. Watson, who is occasionally good enough to help me in my cases. Whom have I the honour to address?"

"You may address me as the Count Von Kramm, a Bohemian nobleman. I understand that this gentleman, your friend, is a man of honour and discretion, whom I may trust with a matter of the most extreme importance. If not, I should much prefer to communicate with you alone."

I rose to go, but Holmes caught me by the wrist and pushed me back into my chair. "It is both, or none," said he. "You may say before this gentleman anything which you may say to me."

The Count shrugged his broad shoulders. "Then I must begin," said he, "by binding you both to absolute secrecy for two years; at the end of that time the matter will be of no importance. At present it is not too much to say that it is of such weight it may have an influence upon European history."

"I promise," said Holmes.

"And I."

"You will excuse this mask," continued our strange visitor. "The august person who employs me wishes his agent to be unknown to you, and I may confess at once that the title by which I have just called myself is not exactly my own."

"I was aware of it," said Holmes dryly.

"The circumstances are of great delicacy, and every precaution has to be taken to quench what might grow to be an immense scandal and seriously compromise one of the reigning families of Europe. To speak plainly, the matter implicates the great House of Ormstein, hereditary kings of Bohemia."

"I was also aware of that," murmured Holmes, settling himself down in his armchair and closing his eyes.

Our visitor glanced with some apparent surprise at the languid, lounging figure of the man who had been no doubt depicted to him as the most incisive reasoner and most energetic agent in Europe. Holmes slowly reopened his eyes and looked impatiently at his gigantic client.

"If your Majesty would condescend to state your case," he remarked, "I should be better able to advise you."

El hombre saltó de su silla y se paseó por la habitación en la agitación incontrolable. Luego, con un gesto de desesperación, se arrancó la máscara de la cara y la arrojó al suelo. -Tienes razón -dijo él-, yo soy el rey. ¿Por qué debo tratar de ocultarlo?
—¿Por qué, en realidad? —murmuró Holmes—. Su Majestad no había hablado antes de que yo era consciente de que estaba frente a Wilhelm von Ormstein Gottsreich Segismundo, el gran duque de Cassel-Felstein y rey hereditario de Bohemia.

—Pero se puede entender —dijo nuestro extraño visitante, sentándose de nuevo y pasándose la mano por la frente blanca alta—, se puede entender que yo no estoy acostumbrado a hacer negocios como éste en mi propia persona. Sin embargo, el asunto era tan delicado que yo no podía confiar a un agente sin ponerme en su poder. He venido de incógnito desde Praga con el propósito de la consulta usted.

-Entonces, consulte a rezar —dijo Holmes-, cerrando los ojos una vez más.

—Los hechos son estos brevemente: Hace unos cinco años, durante una larga visita a Varsovia, trabé conocimiento de la aventurera conocida, Irene Adler. El nombre es sin duda familiar para usted.

—Por favor su mirada en mi índice, doctor-murmuró Holmes sin abrir los ojos. Durante muchos años había adoptado un sistema de docketing todos los párrafos relativos a los hombres y las cosas, así que era difícil nombrar un objeto o una persona en la que no podía proporcionar información a la vez. En este caso he encontrado su biografía intercala entre el de un rabino hebreo y la de un comandante de personal que había escrito una monografía sobre los peces de aguas profundas.

-¡Vamos a ver! —dijo Holmes—. ¡Hum! Nacido en Nueva Jersey en el año 1858. Contralto ¡Hum! La Scala, ¡hum! Prima donna Imperial de la Ópera de Varsovia - ¡sí! Retirado de la escena operística - ¡ja! Vivir en Londres - ¡tan! Su Majestad , según tengo entendido, se enredó con esta joven, le escribió algunas cartas comprometedoras, y ahora está deseoso de conseguir esas cartas.

-Precisamente así. Pero, ¿cómo—
—¿Hubo un matrimonio secreto?
—Ninguno.
—¿No hay documentos legales o certificados?
—Ninguno.
-Entonces no siguen su Majestad. Si este joven debe producir sus cartas de chantaje u otros fines, ¿cómo es ella para demostrar su autenticidad?
—No es la escritura.
—¡Bah, bah! Falsificación.
—Mi nota particular de papel.
—Robado.
—Mi sello propio.

16

The man sprang from his chair and paced up and down the room in uncontrollable agitation. Then, with a gesture of desperation, he tore the mask from his face and hurled it upon the ground. "You are right," he cried; "I am the King. Why should I attempt to conceal it?"

"Why, indeed?" murmured Holmes. "Your Majesty had not spoken before I was aware that I was addressing Wilhelm Gottsreich Sigismond von Ormstein, Grand Duke of Cassel-Felstein, and hereditary King of Bohemia."

"But you can understand," said our strange visitor, sitting down once more and passing his hand over his high white forehead, "you can understand that I am not accustomed to doing such business in my own person. Yet the matter was so delicate that I could not confide it to an agent without putting myself in his power. I have come incognito from Prague for the purpose of consulting you."

"Then, pray consult," said Holmes, shutting his eyes once more.

"The facts are briefly these: Some five years ago, during a lengthy visit to Warsaw, I made the acquaintance of the well-known adventuress, Irene Adler. The name is no doubt familiar to you."

"Kindly look her up in my index, Doctor," murmured Holmes without opening his eyes. For many years he had adopted a system of docketing all paragraphs concerning men and things, so that it was difficult to name a subject or a person on which he could not at once furnish information. In this case I found her biography sandwiched in between that of a Hebrew rabbi and that of a staff-commander who had written a monograph upon the deep-sea fishes.

"Let me see!" said Holmes. "Hum! Born in New Jersey in the year 1858. Contralto--hum! La Scala, hum! Prima donna Imperial Opera of Warsaw--yes! Retired from operatic stage--ha! Living in London--quite so! Your Majesty, as I understand, became entangled with this young person, wrote her some compromising letters, and is now desirous of getting those letters back."

"Precisely so. But how--"

"Was there a secret marriage?"

"None."

"No legal papers or certificates?"

"None."

"Then I fail to follow your Majesty. If this young person should produce her letters for blackmailing or other purposes, how is she to prove their authenticity?"

"There is the writing."

"Pooh, pooh! Forgery."

"My private note-paper."

"Stolen."

"My own seal."

—Imitada.
—Mi foto.
—Comprado.
—Los dos estábamos en la fotografía.
—¡Ay, querida! ¡Eso es muy malo! Su Majestad ha hecho cometido una indiscreción.
—Yo estaba loco, loco.
—Ustedes han puesto en peligro a ti mismo en serio.
—Yo sólo tenía entonces príncipe heredero. Yo era joven. No tengo más que treinta.
-Debe de ser recuperado.
—Hemos tratado y han fracasado.
—Su Majestad tiene que pagar. Tiene que ser comprado.
—Ella no va a vender.
—Robado, entonces.
—Cinco se ha intentado. Dos veces los ladrones en mi pago saquearon su casa. Una vez que desvió su equipaje durante su viaje. Dos veces ha sido asaltado. No ha habido ningún resultado.
-¿No hay rastro de ella?
—Absolutamente ninguno.
Holmes se echó a reír. —Es un problema muy bonita -dijo.
—Pero uno muy grave para mí —replicó el rey en tono de reproche.
—Muy, por cierto. ¿Y qué le proponen hacer con la fotografía?
—Para mí la ruina.
—Pero, ¿cómo?
—Estoy a punto de casarse.
—Así he oído.
—Para Clotilde Lothman von Saxe-Meningen, segunda hija del rey de Escandinavia. Usted puede conocer los principios estrictos de su familia. Ella misma es el alma misma de la delicadeza. Una sombra de una duda en cuanto a mi conducta sería llevar el asunto a su fin.
—¿Y Irene Adler?
—Amenaza con enviarles la fotografía. Y lo hará. Sé que lo hará. No la conoces, pero ella tiene un alma de acero. Ella tiene el rostro de la más bella de las mujeres, y la mente de la decidida la mayoría de los hombres. En lugar de lo que debería casarse con otra mujer, no hay extremos a los que ella no iría - ninguno.
—¿Usted está seguro de que ella no ha enviado aún?
—Estoy seguro.
—¿Y por qué?
—Porque ella ha dicho que lo enviaría el día en que los esponsales fue proclamado públicamente. Ese será el próximo lunes.
—Ah, entonces tenemos tres días aún —dijo Holmes con un bostezo. -Eso es muy afortunado, ya que tienen uno o dos asuntos de importancia para investigar en este momento. ¿Su Majestad, por supuesto, su estancia en Londres para el presente?

"Imitated."
"My photograph."
"Bought."
"We were both in the photograph."
"Oh, dear! That is very bad! Your Majesty has indeed committed an indiscretion."
"I was mad--insane."
"You have compromised yourself seriously."
"I was only Crown Prince then. I was young. I am but thirty now."
"It must be recovered."
"We have tried and failed."
"Your Majesty must pay. It must be bought."
"She will not sell."
"Stolen, then."
"Five attempts have been made. Twice burglars in my pay ransacked her house. Once we diverted her luggage when she travelled. Twice she has been waylaid. There has been no result."
"No sign of it?"
"Absolutely none."
Holmes laughed. "It is quite a pretty little problem," said he.
"But a very serious one to me," returned the King reproachfully.
"Very, indeed. And what does she propose to do with the photograph?"
"To ruin me."
"But how?"
"I am about to be married."
"So I have heard."
"To Clotilde Lothman von Saxe-Meningen, second daughter of the King of Scandinavia. You may know the strict principles of her family. She is herself the very soul of delicacy. A shadow of a doubt as to my conduct would bring the matter to an end."
"And Irene Adler?"
"Threatens to send them the photograph. And she will do it. I know that she will do it. You do not know her, but she has a soul of steel. She has the face of the most beautiful of women, and the mind of the most resolute of men. Rather than I should marry another woman, there are no lengths to which she would not go--none."
"You are sure that she has not sent it yet?"
"I am sure."
"And why?"
"Because she has said that she would send it on the day when the betrothal was publicly proclaimed. That will be next Monday."
"Oh, then we have three days yet," said Holmes with a yawn. "That is very fortunate, as I have one or two matters of importance to look into just at present. Your Majesty will, of course, stay in London for the present?"

-Por supuesto. Usted me encontrará en el Langham, bajo el nombre de la Kramm conde Von.
-Entonces voy a escribirle unas líneas para hacerle saber la forma en que el progreso.
—Orad hacerlo. Seré toda ansiedad.
-Entonces, ¿en cuanto a dinero?
—Usted tiene carta blanca.
—¿Absolutamente?
-Te digo que me daría una de las provincias de mi reino a tener esa fotografía.
—¿Y para los gastos de la actualidad?
El rey tomó una bolsa de gamuza de cuero pesado de debajo de su capa y la puso sobre la mesa.
—Hay trescientas libras en oro y setecientas en billetes —dijo.
Holmes garabateó un acuse de recibo en una hoja de su cuaderno y se lo entregó a él.
—¿Y la dirección de la señorita? —se preguntó.
—¿Es Logia de Briony, Avenida de Serpentine, St. John's Wood.
Holmes tomó nota de ello. -Una de las preguntas de otros —dijo. ¿Era la fotografía de un gabinete?
-Lo fue.
-Entonces, buenas noches, Majestad, y confío en que pronto tendremos buenas noticias para usted. Y buenas noches, Watson -añadió-, como las ruedas de la berlina real bajó la calle. Si va a ser lo suficientemente bueno para llamar a la mañana por la tarde a las tres me gusta chatear este asunto poco más con usted.

"Certainly. You will find me at the Langham under the name of the Count Von Kramm."

"Then I shall drop you a line to let you know how we progress."

"Pray do so. I shall be all anxiety."

"Then, as to money?"

"You have carte blanche."

"Absolutely?"

"I tell you that I would give one of the provinces of my kingdom to have that photograph."

"And for present expenses?"

The King took a heavy chamois leather bag from under his cloak and laid it on the table.

"There are three hundred pounds in gold and seven hundred in notes," he said.

Holmes scribbled a receipt upon a sheet of his notebook and handed it to him.

"And Mademoiselle's address?" he asked.

"Is Briony Lodge, Serpentine Avenue, St. John's Wood."

Holmes took a note of it. "One other question," said he. "Was the photograph a cabinet?"

"It was."

"Then, good-night, your Majesty, and I trust that we shall soon have some good news for you. And good-night, Watson," he added, as the wheels of the royal brougham rolled down the street. "If you will be good enough to call to-morrow afternoon at three o'clock I should like to chat this little matter over with you."

Capítulo II.

A las tres en punto yo estaba en Baker Street, pero Holmes no había regresado todavía. La patrona me informó que él había salido de casa poco después de las ocho de la mañana. Me senté junto al fuego, sin embargo, con la intención de que le espera, por larga que fuese. Yo ya estaba profundamente interesado en su investigación, ya que, aunque estaba rodeado por ninguna de las características sombrío y extraño que se asociaron con los dos crímenes que ya me he registrado, aún, la naturaleza del caso y la exaltada posición de su cliente le dio un carácter propio. De hecho, aparte de la naturaleza de la investigación que mi amigo tenía en la mano, había algo en sus manos magistral de una situación, y su razonamiento agudo, incisivo, lo que hizo que sea un placer para mí para estudiar su sistema de trabajo, y seguir los métodos rápidos y sutiles por el que desentrañar los misterios más inextricables. Tan acostumbrado estaba yo a su éxito invariable que la posibilidad misma de su no había dejado de entrar en mi cabeza.

Chapter II.

At three o'clock precisely I was at Baker Street, but Holmes had not yet returned. The landlady informed me that he had left the house shortly after eight o'clock in the morning. I sat down beside the fire, however, with the intention of awaiting him, however long he might be. I was already deeply interested in his inquiry, for, though it was surrounded by none of the grim and strange features which were associated with the two crimes which I have already recorded, still, the nature of the case and the exalted station of his client gave it a character of its own. Indeed, apart from the nature of the investigation which my friend had on hand, there was something in his masterly grasp of a situation, and his keen, incisive reasoning, which made it a pleasure to me to study his system of work, and to follow the quick, subtle methods by which he disentangled the most inextricable mysteries. So accustomed was I to his invariable success that the very possibility of his failing had ceased to enter into my head.

Estaba cerca a cuatro antes de que la puerta se abrió, y un novio borracho a futuro, los malos peinados y bigotes de lado, con el rostro inflamado y ropa de mala reputación, entró en la habitación. Acostumbrado como estaba a asombrosos poderes de mi amigo en el uso de disfraces, tuve que mirar tres veces antes de que yo estaba seguro de que se trataba efectivamente de él. Con una inclinación de cabeza desapareció en el dormitorio, de donde salió en cinco minutos de tweed adaptado y respetable, como antaño. Poner las manos en los bolsillos, estiró las piernas delante del fuego y se rió de todo corazón por unos minutos.

-Bueno, ¡de verdad!—exclamó, y luego se atragantó y se rió de nuevo hasta que fue obligado a tumbarse, débil y desamparada, en la silla.

—¿Qué es?

—Es muy muy gracioso. Estoy seguro de que nunca podría adivinar cómo empleé mi mañana, o lo que terminé haciendo.

—No puedo imaginar. Supongo que usted ha estado observando los hábitos, y tal vez la casa, de la señorita Irene Adler.

-Así es, pero la secuela era algo inusual. Te diré, sin embargo. Salí de la casa poco después de las ocho de esta mañana en el carácter de un mozo de cuadra sin trabajo.

Hay una maravillosa simpatía y la masonería entre caballito los hombres. Ser uno de ellos, y sabrás todo lo que hay que saber. pronto descubrí Briony Lodge. Es un chalet bijou, con un jardín en la parte posterior, pero construido en el delantero derecho hasta la carretera, de dos pisos . Chubb de bloqueo a la puerta. gran sala de estar en el lado derecho, bien amueblada, con ventanales casi hasta el suelo, y los elementos de fijación absurda Inglés ventana que un niño podría abrir. Detrás no había nada destacable, salvo que la ventana de pasaje se podía llegar desde la parte superior de la cochera. Caminé alrededor y lo examinó con detenimiento desde todo punto de vista, pero sin señalar ninguna otra cosa de interés.

—Luego descansaban por la calle y se encontró, como esperaba, que era caballerizas en un carril que baja por una pared del jardín. Presté el mozos de cuadra una mano en frotar sus caballos, y recibió a cambio dos peniques, un vaso de mitad y mitad, dos de peluche llena de tabaco, y mayor cantidad de información que pude sobre los deseos de la señorita Adler, por no hablar de media docena de otras personas en el barrio en el que no tenga el menor interés, pero cuyas biografías me vi obligado a escuchar.

—¿Y qué hay de Irene Adler?—Le pregunté.

—Oh, ella se ha convertido cabezas de todos los hombres en esa parte. Ella es la más delicada cosa bajo un sombrero en este planeta. Así lo dicen los Serpentina-caballerizas, a un hombre. Ella vive de forma tranquila, canta en los conciertos, las unidades a las cinco todos los días, y regresa a las siete en punto para la cena. Pocas veces sale a veces, excepto cuando canta.

It was close upon four before the door opened, and a drunken-looking groom, ill-kempt and side-whiskered, with an inflamed face and disreputable clothes, walked into the room. Accustomed as I was to my friend's amazing powers in the use of disguises, I had to look three times before I was certain that it was indeed he. With a nod he vanished into the bedroom, whence he emerged in five minutes tweed-suited and respectable, as of old. Putting his hands into his pockets, he stretched out his legs in front of the fire and laughed heartily for some minutes.

"Well, really!" he cried, and then he choked and laughed again until he was obliged to lie back, limp and helpless, in the chair.

"What is it?"

"It's quite too funny. I am sure you could never guess how I employed my morning, or what I ended by doing."

"I can't imagine. I suppose that you have been watching the habits, and perhaps the house, of Miss Irene Adler."

"Quite so; but the sequel was rather unusual. I will tell you, however. I left the house a little after eight o'clock this morning in the character of a groom out of work. There is a wonderful sympathy and freemasonry among horsey men. Be one of them, and you will know all that there is to know. I soon found Briony Lodge. It is a bijou villa, with a garden at the back, but built out in front right up to the road, two stories. Chubb lock to the door. Large sitting-room on the right side, well furnished, with long windows almost to the floor, and those preposterous English window fasteners which a child could open. Behind there was nothing remarkable, save that the passage window could be reached from the top of the coach-house. I walked round it and examined it closely from every point of view, but without noting anything else of interest.

"I then lounged down the street and found, as I expected, that there was a mews in a lane which runs down by one wall of the garden. I lent the ostlers a hand in rubbing down their horses, and received in exchange twopence, a glass of half and half, two fills of shag tobacco, and as much information as I could desire about Miss Adler, to say nothing of half a dozen other people in the neighbourhood in whom I was not in the least interested, but whose biographies I was compelled to listen to."

"And what of Irene Adler?" I asked.

"Oh, she has turned all the men's heads down in that part. She is the daintiest thing under a bonnet on this planet. So say the Serpentine-mews, to a man. She lives quietly, sings at concerts, drives out at five every day, and returns at seven sharp for dinner. Seldom goes out at other times, except when she sings."

—Sólo tiene un visitante masculino, pero una buena parte de él. Él es moreno, guapo y apuesto, nunca pide menos de una vez un día, ya menudo dos veces. Es un señor Godfrey Norton, del Inner Temple. Vea las ventajas de un cochero como confidente. Se lo había llevado a casa una docena de veces desde Serpentina-jaulas, y sabía todo sobre él. Cuando Yo había escuchado todo lo que tenían que contar, empecé a caminar arriba y abajo, cerca de villa Briony, una vez más, y pensar sobre mi plan de campaña.

—Este Godfrey Norton era evidentemente un factor importante en la materia. Él era un abogado. Eso sonaba ominoso. ¿Cuál fue la relación entre ellos, y lo que el objeto de sus repetidas visitas? ¿Era ella su cliente, su amigo o su amante? En el primer caso, se había trasladado probablemente la fotografía a su mantenimiento. En este último caso, era menos probable. En cuanto al tema de esta cuestión dependía de si debo continuar mi trabajo en Briony Lodge o dirigir mi mirada a las cámaras de caballeros —en el Templo. Fue un momento delicado, y se amplió el campo de mi investigación. Me temo que te parió con estos detalles, pero tengo que hacerle ver a mi pequeña dificultad, si va a entender la situación.

—Yo estoy siguiendo de cerca —le contesté.

Yo todavía estaba el asunto de equilibrio en mi mente cuando un coche de caballos llegaron hasta villa Briony, y un caballero saltó. Era un hombre muy guapo, oscuro, aguileña y bigote -evidentemente-, el hombre de quien había oído hablar. Parecía tener mucha prisa, gritó al cochero que esperara y pasó junto a la criada que abrió la puerta con el aire de un hombre que estaba como en casa.

—Él estaba en la casa una media hora, y pude vislumbrar de él en las ventanas de la sala, paseando arriba y abajo, hablando con entusiasmo, y agitando los brazos. De ella no pude ver nada. De pronto surgió , buscando aún más agitada que antes. A medida que se acercó a la cabina, sacó un reloj de oro de su bolsillo y lo miró con seriedad:

—Conduzca como el diablo —gritó—, primero en Gross & Hankey, en Calle Regent, y luego a la iglesia de Santa Mónica, en el camino de Edgware. ¡La mitad de una guinea si lo hace en veinte minutos!

Lejos se fueron, y me pregunto si no debo hacer bien para seguir en el carril de vino un poco aseado landó, el cochero con su chaqueta abotonada sólo a medias, y la corbata debajo de la oreja, mientras que todas las etiquetas de su arnés salían de las hebillas. No se había detenido antes de que ella salió disparado de la puerta del salón y dentro de ella. Yo sólo alcanzó a ver ella en el momento, pero era una mujer encantadora, con una cara que un hombre puede morir.

—La Iglesia de Santa Mónica, John -exclamó-, y medio soberano si accede a él en veinte minutos.

"Has only one male visitor, but a good deal of him. He is dark, handsome, and dashing, never calls less than once a day, and often twice. He is a Mr. Godfrey Norton, of the Inner Temple. See the advantages of a cabman as a confidant. They had driven him home a dozen times from Serpentine-mews, and knew all about him. When I had listened to all they had to tell, I began to walk up and down near Briony Lodge once more, and to think over my plan of campaign.

"This Godfrey Norton was evidently an important factor in the matter. He was a lawyer. That sounded ominous. What was the relation between them, and what the object of his repeated visits? Was she his client, his friend, or his mistress? If the former, she had probably transferred the photograph to his keeping. If the latter, it was less likely. On the issue of this question depended whether I should continue my work at Briony Lodge, or turn my attention to the gentleman's chambers in the Temple. It was a delicate point, and it widened the field of my inquiry. I fear that I bore you with these details, but I have to let you see my little difficulties, if you are to understand the situation."

"I am following you closely," I answered.

"I was still balancing the matter in my mind when a hansom cab drove up to Briony Lodge, and a gentleman sprang out. He was a remarkably handsome man, dark, aquiline, and moustached-- evidently the man of whom I had heard. He appeared to be in a great hurry, shouted to the cabman to wait, and brushed past the maid who opened the door with the air of a man who was thoroughly at home.

"He was in the house about half an hour, and I could catch glimpses of him in the windows of the sitting-room, pacing up and down, talking excitedly, and waving his arms. Of her I could see nothing. Presently he emerged, looking even more flurried than before. As he stepped up to the cab, he pulled a gold watch from his pocket and looked at it earnestly, 'Drive like the devil,' he shouted, 'first to Gross & Hankey's in Regent Street, and then to the Church of St. Monica in the Edgeware Road. Half a guinea if you do it in twenty minutes!'

"Away they went, and I was just wondering whether I should not do well to follow them when up the lane came a neat little landau, the coachman with his coat only half-buttoned, and his tie under his ear, while all the tags of his harness were sticking out of the buckles. It hadn't pulled up before she shot out of the hall door and into it. I only caught a glimpse of her at the moment, but she was a lovely woman, with a face that a man might die for."

'The Church of St. Monica, John,' she cried, 'and half a sovereign if you reach it in twenty minutes.'

—Esto fue muy muy bueno para perder, Watson. Estaba equilibrio si debo correr, o si debo percha detrás de su landó, cuando llegó un taxi por la calle. El conductor miró dos veces en un precio miserable, pero yo saltó antes de que pudiera objeto. —La Iglesia de Santa Mónica-le dije-, y medio soberano si accede a él en veinte minutos—. Se veinticinco minutos para las doce, y por supuesto que era lo suficientemente claro lo que estaba en el viento.
—Mi taxista manejaba rápido. No creo que alguna vez llevó más rápido, pero los otros estaban allí antes que nosotros. La cabina del landó y el vapor con sus caballos estaban delante de la puerta cuando llegué. Pagué el hombre y se apresuró en la iglesia. No había un alma salvar a los dos que yo había seguido y un clérigo sobrepelliz, que parecía estar protestando con ellos., estaban todos tres en un nudo en la parte delantera del altar. Yo holgazaneaban por el pasillo lateral, como cualquier otra rueda loca que ha dejado caer en una iglesia. De repente, para mi sorpresa, los tres en el altar cara redonda para mí, y Godfrey Norton vino corriendo lo más rápido que podía hacia mí.
—Gracias a Dios-exclamó-. Usted va a hacer. ¡Ven! ¡Ven!
—¿Qué, pues? Le pregunté.
-Vamos, hombre, vamos, sólo tres minutos, o no será legal.
—Yo estaba medio arrastró hasta el altar, y antes de que yo sabía dónde estaba me encontré murmurando respuestas, que se me susurró al oído, y dando fe de cosas de las que yo no sabía nada, y en general a contribuir a la vinculación segura de Irene Adler, soltera, con Godfrey Norton, soltero. Todo se hizo en un instante, y allí estaba el caballero dándome las gracias por un lado, y la dama por el otro, mientras que el clérigo sonrió en mí en el frente. Era la más absurda posición en la que alguna vez me encontré en mi vida, y era el pensamiento de él que me hizo reír en este momento. Parece que ha habido algunos informalidad acerca de su licencia, que el clérigo se negaba rotundamente a casarlos sin un testigo de algunos tipo, y que mi aspecto suerte salvó el novio de tener que salir a la campaña a las calles en busca de un mejor hombre. La novia me dio un soberano, y me refiero a llevarlo en mi reloj de cadena en la memoria de la ocasión.
—Este es un giro muy inesperado de las cosas —le dije— ¿y qué?
-Bueno, he encontrado mis planes muy seriamente amenazada. Parecía que la pareja podría tener una salida inmediata, por lo que requieren muy pronto y medidas enérgicas por mi parte. En la puerta de la iglesia, sin embargo, se separaron, él conducía de regreso a la Templo, y ella a su casa. —voy a sacar en el parque a las cinco como de costumbre-dijo-como ella lo dejó. oí nada más. Se alejaron en distintas direcciones, y me fui a hacer mi propia arreglos.

"This was quite too good to lose, Watson. I was just balancing whether I should run for it, or whether I should perch behind her landau when a cab came through the street. The driver looked twice at such a shabby fare, but I jumped in before he could object. 'The Church of St. Monica,' said I, 'and half a sovereign if you reach it in twenty minutes.' It was twenty-five minutes to twelve, and of course it was clear enough what was in the wind.

"My cabby drove fast. I don't think I ever drove faster, but the others were there before us. The cab and the landau with their steaming horses were in front of the door when I arrived. I paid the man and hurried into the church. There was not a soul there save the two whom I had followed and a surpliced clergyman, who seemed to be expostulating with them. They were all three standing in a knot in front of the altar. I lounged up the side aisle like any other idler who has dropped into a church. Suddenly, to my surprise, the three at the altar faced round to me, and Godfrey Norton came running as hard as he could towards me."

'Thank God,' he cried. 'You'll do. Come! Come!'

'What then?' I asked.

'Come, man, come, only three minutes, or it won't be legal.'

"I was half-dragged up to the altar, and before I knew where I was I found myself mumbling responses which were whispered in my ear, and vouching for things of which I knew nothing, and generally assisting in the secure tying up of Irene Adler, spinster, to Godfrey Norton, bachelor. It was all done in an instant, and there was the gentleman thanking me on the one side and the lady on the other, while the clergyman beamed on me in front. It was the most preposterous position in which I ever found myself in my life, and it was the thought of it that started me laughing just now. It seems that there had been some informality about their license, that the clergyman absolutely refused to marry them without a witness of some sort, and that my lucky appearance saved the bridegroom from having to sally out into the streets in search of a best man. The bride gave me a sovereign, and I mean to wear it on my watch-chain in memory of the occasion."

"This is a very unexpected turn of affairs," said I; "and what then?"

"Well, I found my plans very seriously menaced. It looked as if the pair might take an immediate departure, and so necessitate very prompt and energetic measures on my part. At the church door, however, they separated, he driving back to the Temple, and she to her own house. 'I shall drive out in the park at five as usual,' she said as she left him. I heard no more. They drove away in different directions, and I went off to make my own arrangements."

—¿Cuáles son?
—Algunos de carne fría y un vaso de cerveza —respondí—, haciendo sonar la campana. —He estado demasiado ocupado para pensar en la comida, y yo que voy a estar más ocupada todavía esta tarde. Por cierto, doctor, me falta su cooperación.
—Me será muy grato.
—¿No le importa violar la ley?
—En lo más mínimo.
—¿Tampoco ejecuta la oportunidad de la detención?
—No es por una buena causa.
—¡Oh, la causa es excelente!
-Entonces yo soy tu hombre.
—Estaba seguro de que yo pudiera confiar en ti.
—Pero, ¿qué es lo que deseo?
—Cuando la señora Turner ha traído en la bandeja voy a dejar claro que lo haga. Ahora-dijo mientras se volvía con avidez sobre la tarifa simple que nuestra casera había proporcionado,— tengo que discutirlo hasta que haya comido, porque no he mucho tiempo. Es casi cinco ahora. En dos horas tenemos que estar en la escena de acción. señorita Irene, o señora, más bien, regrese de su unidad a las siete. Debemos estar en Logia de Briony para encontrarse con ella.—
—¿Y luego qué?—
—Tienes que dejar eso a mí. Ya he arreglado lo que va a ocurrir. Sólo hay un punto en el que debo insistir. Usted no debe interferir, pase lo que pase. ¿Entiendes?
—¿Yo voy a ser neutral?
—No hacer nada que sea. Probablemente habrá algunos pequeños disgustos. No formar parte de ella. Terminará en mi ser transportado a la casa. Cuatro o cinco minutos después la ventana de la sala se abrirá. Está cerca de la estación de ti mismo a la ventana abierta.
—Sí—.
—Tú eres para mí ver, porque será visible para usted.
—Sí—.
—Y cuando yo levanto la mano -así- se le tire a la sala de lo que doy a lanzar, y, al mismo tiempo, lanzar el grito de fuego. ¿Es bastante me siguen?
—Completamente.
—No es nada muy notable —dijo—, tomando un rollo largo con forma de cigarro de su bolsillo. —Es un fontanero ordinaria de humo cohete, provisto de una tapa en cada extremo para conseguir la autosuficiencia de iluminación. Su tarea se limita a eso. Cuando usted levanta su grito de fuego, será ocupado por un buen número de personas . A continuación, puede caminar hasta el final de la calle, y yo te reunirse en diez minutos. ¿Espero que me he explicado?
—Yo soy de permanecer neutral, para acercarse a la ventana, para mirar, y en la señal para lanzar en este objeto, a continuación, lanzar el grito de fuego, y que espere en la esquina de la calle—.

"Which are?"

"Some cold beef and a glass of beer," he answered, ringing the bell. "I have been too busy to think of food, and I am likely to be busier still this evening. By the way, Doctor, I shall want your co-operation."

"I shall be delighted."

"You don't mind breaking the law?"

"Not in the least."

"Nor running a chance of arrest?"

"Not in a good cause."

"Oh, the cause is excellent!"

"Then I am your man."

"I was sure that I might rely on you."

"But what is it you wish?"

"When Mrs. Turner has brought in the tray I will make it clear to you. Now," he said as he turned hungrily on the simple fare that our landlady had provided, "I must discuss it while I eat, for I have not much time. It is nearly five now. In two hours we must be on the scene of action. Miss Irene, or Madame, rather, returns from her drive at seven. We must be at Briony Lodge to meet her."

"And what then?"

"You must leave that to me. I have already arranged what is to occur. There is only one point on which I must insist. You must not interfere, come what may. You understand?"

"I am to be neutral?"

"To do nothing whatever. There will probably be some small unpleasantness. Do not join in it. It will end in my being conveyed into the house. Four or five minutes afterwards the sitting-room window will open. You are to station yourself close to that open window."

"Yes."

"You are to watch me, for I will be visible to you."

"Yes."

"And when I raise my hand--so--you will throw into the room what I give you to throw, and will, at the same time, raise the cry of fire. You quite follow me?"

"Entirely."

"It is nothing very formidable," he said, taking a long cigar-shaped roll from his pocket. "It is an ordinary plumber's smoke-rocket, fitted with a cap at either end to make it self-lighting. Your task is confined to that. When you raise your cry of fire, it will be taken up by quite a number of people. You may then walk to the end of the street, and I will rejoin you in ten minutes. I hope that I have made myself clear?"

"I am to remain neutral, to get near the window, to watch you, and at the signal to throw in this object, then to raise the cry of fire, and to wait you at the corner of the street."

—Precisamente—.
—Entonces, ¿todo puede confiar en mí.
—Eso es excelente. Creo que, tal vez, ya casi es hora de que me preparo para el nuevo papel que tengo que jugar.

Desapareció en su dormitorio y regresó en unos minutos en el carácter de un clérigo no conformista amable e ingenuos. Su amplio sombrero negro, sus pantalones anchos, su corbata blanca, su sonrisa simpática y aspecto general de la interconexión y la curiosidad eran benévolos, como el Sr. John Hare por sí sola podría haber igualado. No era simplemente que Holmes cambió de traje. Su expresión, sus modales, su misma alma parecía variar con cada parte nueva que se supone. La etapa perdido un buen actor, incluso la ciencia perdió un razonador agudo, cuando se convirtió en un especialista en el crimen.

Fue un seis y cuarto cuando salimos de Calle Baker, y todavía quería diez minutos para la hora en que nos encontramos en la Avenida de Serpentine. Era ya de noche, y las lámparas estaban siendo encendidas como paseaba por delante de la villa Briony, aguardando la llegada de su ocupante. La casa era como yo había imaginado desde la descripción sucinta de Sherlock Holmes, pero la localidad no parecían tan privado de lo que esperaba. Por el contrario, por una pequeña calle en un barrio tranquilo, era muy animada. Había un grupo de hombres mal vestidos fumando y riendo en una esquina, un afilador con su rueda, dos guardias que estaban flirteando con una niñera, y varios hombres bien vestidos jóvenes que estaban sentados arriba y hacia abajo con los cigarros en la boca.

—Ya ves—comentó Holmes—, mientras iba y venía por delante de la casa, —este matrimonio no simplifica las cosas. La fotografía se convierte en un arma de doble filo ahora. Lo más probable es que ella sería tan contrario a su ser visto por el Sr. Godfrey Norton, como nuestro cliente está a su entrada a los ojos de su princesa. Ahora la pregunta es, ¿Dónde vamos a encontrar la foto?

—¿Cuando, en verdad?—

—Es muy poco probable que ésta conlleva el con ella. Es el tamaño del gabinete. Demasiado grande la ocultación fácil sobre la vestimenta de una mujer. Ella sabe que el rey es capaz de tener su emboscaron y buscado. Dos intentos de la clase ya han sido hizo. Podemos considerar, entonces, que ella no lo llevamos con ella.

—¿Dónde, entonces?

—Su banquero o su abogado. No es que doble posibilidad. Pero yo me inclino a pensar ninguna de ellas. Las mujeres son naturalmente reservado, y les gusta hacer su propia secreción. ¿Por qué tenía que entregar a alguien más? Podía confiar en su propia tutela, pero ella no podía decir lo que indirecta o influencia política podrían ser ejercidas sobre un hombre de negocios. Además, recuerde que ella había decidido a utilizarlo dentro de unos días. Es preciso, donde pueda poner sus manos sobre ella. Es debe estar en su propia casa.

"Precisely."

"Then you may entirely rely on me."

"That is excellent. I think, perhaps, it is almost time that I prepare for the new role I have to play."

He disappeared into his bedroom and returned in a few minutes in the character of an amiable and simple-minded Nonconformist clergyman. His broad black hat, his baggy trousers, his white tie, his sympathetic smile, and general look of peering and benevolent curiosity were such as Mr. John Hare alone could have equalled. It was not merely that Holmes changed his costume. His expression, his manner, his very soul seemed to vary with every fresh part that he assumed. The stage lost a fine actor, even as science lost an acute reasoner, when he became a specialist in crime.

It was a quarter past six when we left Baker Street, and it still wanted ten minutes to the hour when we found ourselves in Serpentine Avenue. It was already dusk, and the lamps were just being lighted as we paced up and down in front of Briony Lodge, waiting for the coming of its occupant. The house was just such as I had pictured it from Sherlock Holmes' succinct description, but the locality appeared to be less private than I expected. On the contrary, for a small street in a quiet neighbourhood, it was remarkably animated. There was a group of shabbily dressed men smoking and laughing in a corner, a scissors-grinder with his wheel, two guardsmen who were flirting with a nurse-girl, and several well-dressed young men who were lounging up and down with cigars in their mouths.

"You see," remarked Holmes, as we paced to and fro in front of the house, "this marriage rather simplifies matters. The photograph becomes a double-edged weapon now. The chances are that she would be as averse to its being seen by Mr. Godfrey Norton, as our client is to its coming to the eyes of his princess. Now the question is, Where are we to find the photograph?"

"Where, indeed?"

"It is most unlikely that she carries it about with her. It is cabinet size. Too large for easy concealment about a woman's dress. She knows that the King is capable of having her waylaid and searched. Two attempts of the sort have already been made. We may take it, then, that she does not carry it about with her."

"Where, then?"

"Her banker or her lawyer. There is that double possibility. But I am inclined to think neither. Women are naturally secretive, and they like to do their own secreting. Why should she hand it over to anyone else? She could trust her own guardianship, but she could not tell what indirect or political influence might be brought to bear upon a business man. Besides, remember that she had resolved to use it within a few days. It must be where she can lay her hands upon it. It must be in her own house."

—Pero ha sido dos veces robado.
—¡Bah! No sabía cómo mirar.
—Pero, ¿cómo te ves?
—No voy a mirar.
—¿Qué, pues?
—Voy a conseguir que me lo enseñes.
—Pero ella se negará.
—Ella no será capaz de hacerlo. Pero oigo el ruido de las ruedas. Es su coche. Ahora llevar a cabo mis órdenes a la carta—.

Mientras hablaba, el fulgor de las luces laterales de un coche dobló la curva de la avenida. Fue un landó poco inteligentes que sacudieron a la puerta de la villa Briony. A medida que se detuvo, uno de los hombres holgazaneando en la esquina se abalanzó para abrir la puerta con la esperanza de ganarse una moneda de cobre, pero se dio un codazo a distancia por otro holgazán, que se había precipitado con la misma intención. Una pelea feroz estalló, el cual fue incrementado por los dos guardias, que tomó partido por una de las hamacas, así como por el afilador, que era igual de caliente al otro lado. Un golpe fue golpeado, y en un instante la dama, que había salido de su coche, era el centro de un pequeño grupo de hombres se sonrojó y luchando, que golpeó salvajemente el uno al otro con los puños y palos. Holmes corrió hacia la multitud para proteger a la dama, pero sólo cuando llegó, le confía un grito y cayó al suelo, con la sangre que corría libremente por su rostro. En su caída los guardias pusieron pies en polvorosa en una dirección y las tumbonas en la otra, mientras que un número de personas mejor vestidas, que había observado la pelea sin tomar parte en él, lleno de gente para ayudar a la señora y para atender a las hombre herido. Irene Adler, como todavía se le llame, se había precipitado por las escaleras, pero ella se mantuvo en la cima con su figura recortada contra la soberbia luces de la sala, mirando hacia atrás a la calle.

—¿Es el pobre caballero mucho daño? -le preguntó.
—Está muerto—, gritó varias voces.
-¡No, no, hay vida en él!—gritó otro. —Pero él se irán antes de llevarlo al hospital.
—Es un hombre valiente —dijo una mujer. —Ellos han tenido la cartera de la dama y ver si no hubiera sido por él. Ellos eran una pandilla, y una en bruto, también. ¡Ah, él es ahora para respirar.
—Él no puede mentir en la calle. ¿Podemos meterle, Señorita?
-Sin duda. Traiga consigo al cuarto de estar. Hay un cómodo sofá. De esta manera, ¡por favor!

Lenta y solemnemente fue llevado a Logia Briony y se presentarán en la sala principal, mientras que aún se observa el procedimiento desde mi puesto junto a la ventana.

"But it has twice been burgled."
"Pshaw! They did not know how to look."
"But how will you look?"
"I will not look."
"What then?"
"I will get her to show me."
"But she will refuse."
"She will not be able to. But I hear the rumble of wheels. It is her carriage. Now carry out my orders to the letter."

As he spoke the gleam of the side-lights of a carriage came round the curve of the avenue. It was a smart little landau which rattled up to the door of Briony Lodge. As it pulled up, one of the loafing men at the corner dashed forward to open the door in the hope of earning a copper, but was elbowed away by another loafer, who had rushed up with the same intention. A fierce quarrel broke out, which was increased by the two guardsmen, who took sides with one of the loungers, and by the scissors-grinder, who was equally hot upon the other side. A blow was struck, and in an instant the lady, who had stepped from her carriage, was the centre of a little knot of flushed and struggling men, who struck savagely at each other with their fists and sticks. Holmes dashed into the crowd to protect the lady; but just as he reached her he gave a cry and dropped to the ground, with the blood running freely down his face. At his fall the guardsmen took to their heels in one direction and the loungers in the other, while a number of better-dressed people, who had watched the scuffle without taking part in it, crowded in to help the lady and to attend to the injured man. Irene Adler, as I will still call her, had hurried up the steps; but she stood at the top with her superb figure outlined against the lights of the hall, looking back into the street.

"Is the poor gentleman much hurt?" she asked.
"He is dead," cried several voices.
"No, no, there's life in him!" shouted another. "But he'll be gone before you can get him to hospital."
"He's a brave fellow," said a woman. "They would have had the lady's purse and watch if it hadn't been for him. They were a gang, and a rough one, too. Ah, he's breathing now."
"He can't lie in the street. May we bring him in, marm?"
"Surely. Bring him into the sitting-room. There is a comfortable sofa. This way, please!"

Slowly and solemnly he was borne into Briony Lodge and laid out in the principal room, while I still observed the proceedings from my post by the window.

Las luces se habían encendido, pero las persianas no había sido elaborado, de modo que pudiera ver a Holmes tendido en el sofá. No sé si era presa de remordimiento en ese momento por el papel que estaba jugando, pero sé que nunca me sentí tan avergonzado de mí mismo en mi vida que cuando vi la bella criatura contra la que yo estaba conspirando, o el la gracia y la bondad con la que esperaba al hombre herido. Y sin embargo, sería la más negra traición a Holmes a retroceder ahora de la parte que le había confiado a mí. Yo endurecido mi corazón, y tomó el humo de cohetes desde debajo de mi abrigo. Después de todo, pensé, que no perjudiquen a ella. No somos más que le impide hiriendo a otro.

Holmes se había sentado en el sofá, y yo lo vi el movimiento como un hombre que está en la necesidad de aire. Una criada se precipitó a través y abrió la ventana. En el mismo instante le vi levantar la mano y con la señal de arrojé el cohete en el cuarto con un grito de —¡Fuego!— La palabra fue apenas de mi boca de toda la multitud de espectadores, bien vestidos y los malos - caballeros, mozos de cuadra y criadas - se unieron en un grito general de —¡Fuego!— Espesas nubes de humo rizado por la habitación y salir por la ventana abierta. Me alcanzó a ver correr las cifras, y un momento después, la voz de Holmes desde asegurándoles que se trataba de una falsa alarma. Deslizándose por entre la multitud gritando me dirigí a la esquina de la calle, y en diez minutos se alegró de encontrar el brazo de mi amigo en la mía, y para escapar de la escena del alboroto. Caminó con rapidez y en silencio durante unos minutos hasta que había rechazado una de las tranquilas calles que llevan hacia el camino de Edgware.

—Lo hiciste muy bien, doctor-comentó-. —Nada podría haber sido mejor. Está bien.
—¿Usted tiene la fotografía?
—Yo sé dónde está.
—¿Y cómo te enteraste?
—Ella me mostró, como ya he dicho que lo haría.
—Todavía estoy en la oscuridad.
—No quiero hacer un misterio —dijo—, riendo. —El asunto era muy sencillo. Usted, por supuesto, que todo el mundo vio en la calle era un cómplice. Todos estaban contratados por la noche.
—Supuse que tanto.
—Entonces, cuando la fila estalló, tuve un poco húmeda pintura roja en la palma de mi mano. Corrí hacia delante, se cayó, golpeó mi mano a mi cara, y se convirtió en un espectáculo lastimoso. Es un viejo truco.
—Eso también me podría imaginar.
—Luego me llevó pulg Ella tenía que me han pulg ¿Qué otra cosa podía hacer? Y en su sala de estar, que era la misma habitación que yo sospechaba. Estaba entre eso y su dormitorio, y yo estaba decidido a ver qué. Me tendieron en un sofá, me hizo señas para que el aire, se vieron obligados a abrir la ventana, y ha tenido su oportunidad.

The lamps had been lit, but the blinds had not been drawn, so that I could see Holmes as he lay upon the couch. I do not know whether he was seized with compunction at that moment for the part he was playing, but I know that I never felt more heartily ashamed of myself in my life than when I saw the beautiful creature against whom I was conspiring, or the grace and kindliness with which she waited upon the injured man. And yet it would be the blackest treachery to Holmes to draw back now from the part which he had intrusted to me. I hardened my heart, and took the smoke-rocket from under my ulster. After all, I thought, we are not injuring her. We are but preventing her from injuring another.

Holmes had sat up upon the couch, and I saw him motion like a man who is in need of air. A maid rushed across and threw open the window. At the same instant I saw him raise his hand and at the signal I tossed my rocket into the room with a cry of "Fire!" The word was no sooner out of my mouth than the whole crowd of spectators, well dressed and ill--gentlemen, ostlers, and servant-maids--joined in a general shriek of "Fire!" Thick clouds of smoke curled through the room and out at the open window. I caught a glimpse of rushing figures, and a moment later the voice of Holmes from within assuring them that it was a false alarm. Slipping through the shouting crowd I made my way to the corner of the street, and in ten minutes was rejoiced to find my friend's arm in mine, and to get away from the scene of uproar. He walked swiftly and in silence for some few minutes until we had turned down one of the quiet streets which lead towards the Edgeware Road.

"You did it very nicely, Doctor," he remarked. "Nothing could have been better. It is all right."

"You have the photograph?"

"I know where it is."

"And how did you find out?"

"She showed me, as I told you she would."

"I am still in the dark."

"I do not wish to make a mystery," said he, laughing. "The matter was perfectly simple. You, of course, saw that everyone in the street was an accomplice. They were all engaged for the evening."

"I guessed as much."

"Then, when the row broke out, I had a little moist red paint in the palm of my hand. I rushed forward, fell down, clapped my hand to my face, and became a piteous spectacle. It is an old trick."

"That also I could fathom."

"Then they carried me in. She was bound to have me in. What else could she do? And into her sitting-room, which was the very room which I suspected. It lay between that and her bedroom, and I was determined to see which. They laid me on a couch, I motioned for air, they were compelled to open the window, and you had your chance."

—¿Cómo que te ayudan?
—Fue muy importante. Cuando una mujer piensa que su casa está en llamas, su instinto es al mismo tiempo a acometer a la cosa que ella valora más. Es un impulso irresistible perfectamente, y tengo más de una vez aprovechado de él . En el caso del escándalo de la sustitución de Darlington fuese útil para mí, y también en el negocio Arnsworth Castillo. agarra una mujer casada a su bebé; una soltera se llega a su joyero. Ahora era claro para mí que nuestro mujer de hoy no tenía nada en la casa más precioso para ella que lo que estamos en busca de. Ella corría para asegurarlo. La alarma de incendio se hizo admirablemente. El humo y los gritos fueron suficientes para sacudir los nervios de acero. Ella respondieron maravillosamente. La fotografía está en un receso detrás de un panel deslizante justo por encima del derecho de campana de extracción. Ella estaba allí en un instante, y me alcanzó a ver como ella medio lo sacó. Cuando me gritó que era una falsa alarma, que lo sustituyó, miró el cohete, salió corriendo de la habitación, y yo no la he visto desde entonces. Me levanté, y, haciendo mis excusas, se escapó de la casa. Dudé si que trate de obtener la fotografía de la una vez, pero el cochero había entrado, y como me estaba observando estrictamente parecía más seguro que esperar. -Un poco más de precipitación puede arruinar todo.
—¿Y ahora? —Le pregunté.
—Nuestra búsqueda está prácticamente terminado. Daré la palabra con el Rey el día de mañana, y con usted, si usted quiere venir con nosotros. Estaremos se muestra en la sala de estar para esperar a la señora, pero es probable que cuando ella viene ella puede encontrar ni nosotros ni la fotografía. Puede ser una satisfacción para su majestad recuperarla con sus propias manos.
—¿Y cuando te llaman?
—A las ocho de la mañana. Ella no va a estar, por lo que vamos a tener el campo libre. Además, hay que ser puntuales, por este matrimonio puede significar un cambio completo en su vida y costumbres. Debo cable al Rey sin demora.
Habíamos llegado a Calle Baker y se detuvo en la puerta. Estaba buscando en sus bolsillos la llave al pasar que alguien dijo:
—Buenas noches, señor Sherlock Holmes.
Había varias personas en la acera en ese momento, pero el saludo parecía proceder de un joven delgado en un abrigo que había a toda prisa.
—He oído que la voz de antes —dijo Holmes—, mirando por la calle poco iluminada.
—Ahora, me pregunto quién diablos que podría haber sido.

"How did that help you?"

"It was all-important. When a woman thinks that her house is on fire, her instinct is at once to rush to the thing which she values most. It is a perfectly overpowering impulse, and I have more than once taken advantage of it. In the case of the Darlington substitution scandal it was of use to me, and also in the Arnsworth Castle business. A married woman grabs at her baby; an unmarried one reaches for her jewel-box. Now it was clear to me that our lady of to-day had nothing in the house more precious to her than what we are in quest of. She would rush to secure it. The alarm of fire was admirably done. The smoke and shouting were enough to shake nerves of steel. She responded beautifully. The photograph is in a recess behind a sliding panel just above the right bell-pull. She was there in an instant, and I caught a glimpse of it as she half-drew it out. When I cried out that it was a false alarm, she replaced it, glanced at the rocket, rushed from the room, and I have not seen her since. I rose, and, making my excuses, escaped from the house. I hesitated whether to attempt to secure the photograph at once; but the coachman had come in, and as he was watching me narrowly it seemed safer to wait. A little over-precipitance may ruin all."

"And now?" I asked.

"Our quest is practically finished. I shall call with the King to-morrow, and with you, if you care to come with us. We will be shown into the sitting-room to wait for the lady, but it is probable that when she comes she may find neither us nor the photograph. It might be a satisfaction to his Majesty to regain it with his own hands."

"And when will you call?"

"At eight in the morning. She will not be up, so that we shall have a clear field. Besides, we must be prompt, for this marriage may mean a complete change in her life and habits. I must wire to the King without delay."

We had reached Baker Street and had stopped at the door. He was searching his pockets for the key when someone passing said:

"Good-night, Mister Sherlock Holmes."

There were several people on the pavement at the time, but the greeting appeared to come from a slim youth in an ulster who had hurried by.

"I've heard that voice before," said Holmes, staring down the dimly lit street. "Now, I wonder who the deuce that could have been."

Capítulo III.

Dormí en Calle Baker, que la noche, y nos comprometimos a nuestros tostadas y café en la mañana cuando el rey de Bohemia se precipitó en la habitación.
—U¡sted tiene realmente lo tengo! -gritó—, agarrando Sherlock Holmes por cualquiera de los hombros y mirando ansiosamente a la cara.
-Todavía no.
—¿Pero uno tiene esperanzas?
—Tengo muchas esperanzas.
-Entonces, ven. Estoy lleno de impaciencia por marcharse.
—Debemos tener un coche.
—No, mi berlina está esperando.—
—Luego de que se simplificaría el problema.
Bajamos y echó a andar una vez más por Logia Briony.
—Irene Adler está casado —comentó Holmes.
—¡Casado! ¿Cuándo?
—Ayer.
—Pero ¿a quién?
—Para un abogado Inglés llamado Norton.
—Pero ella no podía amarlo.
—Yo soy la esperanza de que ella lo hace.
—¿Y por qué la esperanza?

Chapter III.

I slept at Baker Street that night, and we were engaged upon our toast and coffee in the morning when the King of Bohemia rushed into the room.
"You have really got it!" he cried, grasping Sherlock Holmes by either shoulder and looking eagerly into his face.
"Not yet."
"But you have hopes?"
"I have hopes."
"Then, come. I am all impatience to be gone."
"We must have a cab."
"No, my brougham is waiting."
"Then that will simplify matters." We descended and started off once more for Briony Lodge.
"Irene Adler is married," remarked Holmes.
"Married! When?"
"Yesterday."
"But to whom?"
"To an English lawyer named Norton."
"But she could not love him."
"I am in hopes that she does."
"And why in hopes?"

—Porque sería repuesto de su Majestad el miedo de la molestia en el futuro. Si la dama ama a su marido, a quien no ama a su Majestad. Si ella no ama a su Majestad, no hay razón para que interfiera con el plan de Vuestra Majestad.
—Es cierto. Y sin embargo: ¡Bueno! ¡Me gustaría que hubiera sido de mi propia estación! ¡Qué reina habría hecho! Él volvió a caer en un silencio taciturno, que no fue roto hasta que se detuvo en la Serpentine Avenue. La puerta de Logia Briony estaba abierta, y una mujer de edad avanzada estaba sobre los escalones. Ella nos miraba con una mirada irónica a medida que salía de la berlina.
—El señor Sherlock Holmes, ¿verdad? —dijo.
—Yo soy el señor Holmes-respondió mi compañero, la miraba con un interrogatorio y no sorprendió la mirada.
—¡De hecho! Mi señora me dijo que era probable que llame. Salió esta mañana con su marido en el tren de 5:15 de Charing Cross para el continente.
—¡Cómo! Sherlock Holmes se tambaleó hacia atrás, blanco, con disgusto y sorpresa. —¿Quiere usted decir que ella ha marchado de Inglaterra?
—Para no volver jamás.
¿Y los papeles?—preguntó el rey con voz ronca. —Todo está perdido.
—Ya veremos—. Él se abrió paso entre la sirvienta y se precipitó en el salón, seguido por el rey y yo. El mobiliario estaba esparcido en todas direcciones, con estanterías desmontadas y cajones abiertos, como si la señora tenía prisa ellas saqueadas antes de su vuelo. Holmes corrió en la campana de extracción, arrancó de nuevo una pequeña persiana corredera, y, sumiendo en la mano, sacó una fotografía y una carta. La fotografía fue de Irene Adler misma en traje de noche, la carta fue dirigida a —Sherlock Holmes, Esq.. Se debe dejar hasta que pidió.— Mi amigo lo rasgó y los tres que leen juntos. Estaba fechada a la medianoche de la noche anterior y salió corriendo de esta manera:
—MI ESTIMADO SEÑOR. SHERLOCK HOLMES: -¿De verdad lo hizo muy bien. Me tomaste por completo. Hasta después de la alarma de incendio, no había una sospecha. Pero luego, cuando me enteré de cómo había traicionado a mí mismo, empecé a a pensar. me habían advertido contra usted hace unos meses. Me habían dicho que si el Rey empleado de un agente, sin duda eres tú. Y su dirección me habían dado. Sin embargo, con todo esto, me hiciste lo que querías revelar a saber. Incluso después de que comenzó a sospechar, me resultaba difícil pensar mal de un clérigo querida clase, de edad. Pero, ya sabes, he sido entrenado como yo actriz. traje de hombre no es nada nuevo para mí. A menudo toman disfrutar de la libertad que le da. envié John, el cochero, con esto, subió las escaleras, se metió en mi caminar, ropa, como los llamo, y descendió del mismo modo que se fue.

"Because it would spare your Majesty all fear of future annoyance. If the lady loves her husband, she does not love your Majesty. If she does not love your Majesty, there is no reason why she should interfere with your Majesty's plan."

"It is true. And yet--Well! I wish she had been of my own station! What a queen she would have made!" He relapsed into a moody silence, which was not broken until we drew up in Serpentine Avenue.

The door of Briony Lodge was open, and an elderly woman stood upon the steps. She watched us with a sardonic eye as we stepped from the brougham.

"Mr. Sherlock Holmes, I believe?" said she.

"I am Mr. Holmes," answered my companion, looking at her with a questioning and rather startled gaze.

"Indeed! My mistress told me that you were likely to call. She left this morning with her husband by the 5:15 train from Charing Cross for the Continent."

"What!" Sherlock Holmes staggered back, white with chagrin and surprise. "Do you mean that she has left England?"

"Never to return."

"And the papers?" asked the King hoarsely. "All is lost."

"We shall see." He pushed past the servant and rushed into the drawing-room, followed by the King and myself. The furniture was scattered about in every direction, with dismantled shelves and open drawers, as if the lady had hurriedly ransacked them before her flight. Holmes rushed at the bell-pull, tore back a small sliding shutter, and, plunging in his hand, pulled out a photograph and a letter. The photograph was of Irene Adler herself in evening dress, the letter was superscribed to "Sherlock Holmes, Esq. To be left till called for." My friend tore it open and we all three read it together. It was dated at midnight of the preceding night and ran in this way:

"MY DEAR MR. SHERLOCK HOLMES,--You really did it very well. You took me in completely. Until after the alarm of fire, I had not a suspicion. But then, when I found how I had betrayed myself, I began to think. I had been warned against you months ago. I had been told that if the King employed an agent it would certainly be you. And your address had been given me. Yet, with all this, you made me reveal what you wanted to know. Even after I became suspicious, I found it hard to think evil of such a dear, kind old clergyman. But, you know, I have been trained as an actress myself. Male costume is nothing new to me. I often take advantage of the freedom which it gives. I sent John, the coachman, to watch you, ran up stairs, got into my walking-clothes, as I call them, and came down just as you departed.

-Bueno, te seguí hasta su puerta, y así se aseguró de que yo era realmente un objeto de interés para el célebre Sherlock Holmes. Entonces, en vez imprudentemente, ha deseado las buenas noches, y se dirigió hacia el templo para ver a mi esposo.
—Ambos pensaban que el mejor recurso era la fuga, al ser perseguidos por un antagonista tan formidable, por lo que se encuentra el nido vacío cuando se llama al día siguiente. En cuanto a la fotografía, su cliente puede descansar en paz. Amo y soy amado por un hombre mejor que él. El rey puede hacer lo que quiera sin trabas de uno a quien ha ofendido cruelmente. guardo sólo para mí salvaguardar y preservar un arma que siempre me salvo de cualquier medida que pudiera adoptar en el futuro. dejo una fotografía que pudiera poseer la atención, y me quedo, querido señor Sherlock Holmes,

      Muy atentamente,
      IRENE NORTON, née ADLER.

—¡Qué mujer!—
—¡Ay, qué mujer!-exclamó el rey de Bohemia, cuando tuvimos los tres lea esta epístola.
—¿No le dirá cómo rápida y decidida que era? ¿Se han hecho no una reina admirable? ¿No es una lástima que ella no estaba en mi nivel?
—Por lo que he visto de la dama que parece hecho para estar en un nivel muy diferente a Vuestra Majestad-dijo Holmes con frialdad. —Siento que no he sido capaz de llevar el negocio de su Majestad a una conclusión más éxito.
—Por el contrario, mi querido señor-exclamó el rey-, nada podría ser más exitoso. Sé que su palabra es inviolable. La fotografía es ahora tan seguro como si estuviera en el fuego.
—Me alegro de saber que Vuestra Majestad lo dice.
—Me siento muy en deuda con usted. Por favor, dígame de qué manera puedo recompensarle. Este anillo —— Se deslizó un anillo de esmeraldas serpiente de su dedo y se lo tendió sobre la palma de su mano.
—Su Majestad tiene algo que debe valorar aún más alta—, dijo Holmes.
—Hay que darle un nombre, pero.
—¡Esta fotografía!
El rey lo miró con asombro.
—¡La fotografía de Irene! -gritó. —Ciertamente, si usted lo desea.
—Agradezco a Vuestra Majestad. Entonces no hay más por hacer en la materia. Tengo el honor de desearos un muy buenos días. Hizo una reverencia, y, dándole la espalda sin observar la mano que el rey se había echado a él, salió en mi compañía, para sus cámaras.

"Well, I followed you to your door, and so made sure that I was really an object of interest to the celebrated Mr. Sherlock Holmes. Then I, rather imprudently, wished you good-night, and started for the Temple to see my husband.

"We both thought the best resource was flight, when pursued by so formidable an antagonist; so you will find the nest empty when you call to-morrow. As to the photograph, your client may rest in peace. I love and am loved by a better man than he. The King may do what he will without hindrance from one whom he has cruelly wronged. I keep it only to safeguard myself, and to preserve a weapon which will always secure me from any steps which he might take in the future. I leave a photograph which he might care to possess; and I remain, dear Mr. Sherlock Holmes,
      Very truly yours,
      IRENE NORTON, née ADLER."

"What a woman--oh, what a woman!" cried the King of Bohemia, when we had all three read this epistle. "Did I not tell you how quick and resolute she was? Would she not have made an admirable queen? Is it not a pity that she was not on my level?"

"From what I have seen of the lady she seems indeed to be on a very different level to your Majesty," said Holmes coldly. "I am sorry that I have not been able to bring your Majesty's business to a more successful conclusion."

"On the contrary, my dear sir," cried the King; "nothing could be more successful. I know that her word is inviolate. The photograph is now as safe as if it were in the fire."

"I am glad to hear your Majesty say so."

"I am immensely indebted to you. Pray tell me in what way I can reward you. This ring--" He slipped an emerald snake ring from his finger and held it out upon the palm of his hand.

"Your Majesty has something which I should value even more highly," said Holmes.

"You have but to name it."

"This photograph!"

The King stared at him in amazement.

"Irene's photograph!" he cried. "Certainly, if you wish it."

"I thank your Majesty. Then there is no more to be done in the matter. I have the honour to wish you a very good-morning." He bowed, and, turning away without observing the hand which the King had stretched out to him, he set off in my company for his chambers.

Y así fue como un gran escándalo amenazó con afectar al reino de Bohemia, y cómo los mejores planes de Sherlock Holmes fueron derrotados por el ingenio de una mujer. Solía hacer fiesta en la inteligencia de las mujeres, pero no he oído que lo hiciera en los últimos tiempos. Y cuando habla de Irene Adler, o cuando se refiere a su fotografía, es siempre el honroso título de la mujer.

And that was how a great scandal threatened to affect the kingdom of Bohemia, and how the best plans of Mr. Sherlock Holmes were beaten by a woman's wit. He used to make merry over the cleverness of women, but I have not heard him do it of late. And when he speaks of Irene Adler, or when he refers to her photograph, it is always under the honourable title of the woman.

Aventura II. La Liga Pelirrojo

Yo había llamado a mi amigo, el señor Sherlock Holmes, un día en el otoño del año pasado y lo encontró en una profunda conversación con un muy valiente, de rostro rubicundo, señor de edad con el pelo rojo fuego. Con una disculpa por mi intromisión, yo estaba a punto de retirarse cuando Holmes me tiró bruscamente en la habitación y cerró la puerta detrás de mí.

-No podría haber llegado en mejor momento, mi querido Watson-dijo cordialmente.
-Tenía miedo de que se haya comprometido.
-Así que estoy. Muchísimo.
-Entonces puedo esperar en la habitación de al lado.
-No, en absoluto. Este señor, el señor Wilson, ha sido mi compañero y ayudante en muchos de mis casos más exitosos, y no tengo ninguna duda de que será de la mayor utilidad para mí en el tuyo también.

Aventure II. The Red-headed League

I had called upon my friend, Mr. Sherlock Holmes, one day in the autumn of last year and found him in deep conversation with a very stout, florid-faced, elderly gentleman with fiery red hair. With an apology for my intrusion, I was about to withdraw when Holmes pulled me abruptly into the room and closed the door behind me.

"You could not possibly have come at a better time, my dear Watson," he said cordially.
"I was afraid that you were engaged."
"So I am. Very much so."
"Then I can wait in the next room."
"Not at all. This gentleman, Mr. Wilson, has been my partner and helper in many of my most successful cases, and I have no doubt that he will be of the utmost use to me in yours also."

La mitad señor gordo se levantó de su silla y dio una sacudida de saludo, con una rápida mirada interrogadora de sus ojos pequeños rodeados de grasa.

-Pruebe el sofá -dijo Holmes, volviendo a su sillón y le pone la punta de los dedos juntos, como era su costumbre cuando en estados de ánimo judicial. -Lo sé, mi querido Watson, que comparte mi amor por todo lo que es extraño y fuera de las convenciones y monótona rutina de la vida cotidiana. Ustedes han demostrado su gusto por ella por el entusiasmo que le ha pide que la crónica, y, si se me permite que lo diga, tanto para embellecer muchos de mis pequeñas aventuras.

-Sus casos han sido realmente de gran interés para mí- observé.

-Ustedes recordarán que señalé el otro día, justo antes de entrar en el problema muy simple presentada por la señorita Mary Sutherland, que por efectos extraños y combinaciones extraordinarias tenemos que ir a la vida misma, que siempre es mucho más audaz que cualquier esfuerzo de la imaginación.

-Una proposición que me tomé la libertad de dudar.

-Usted hizo, doctor, pero que también tiene que venir y vuelta a mi modo de ver, de lo contrario voy a seguir acumulando en el hecho de hecho de que hasta que su razón se descompone en ellos y que me reconozca que estar bien. Y ahora, señor Jabez Wilson aquí ha sido lo suficientemente bueno para ponerse en contacto conmigo esta mañana, y para comenzar un relato que promete ser uno de los más singulares que he escuchado desde hace algún tiempo. Usted me ha oído decir que las cosas más extrañas y más singulares son muy a menudo conectado no con el más grande pero con los delitos menores y, en ocasiones, de hecho, donde hay espacio para la duda sobre si un delito se ha cometido positivo. Por lo que he oído que es imposible para mí decir si el presente caso es un ejemplo del delito o no, pero el curso de los acontecimientos es, sin duda uno de los más singulares que jamás he escuchado. Tal vez, el Sr. Wilson, tendría la amabilidad de reanudar su relato. Les pido no sólo porque mi amigo el Dr. Watson no ha escuchado la parte inicial, sino también porque la naturaleza peculiar de la historia me hace ansiosos de tener todos los detalles posibles de sus labios. Por regla general, cuando he escuchado a algunos ligera indicación del curso de los acontecimientos, soy capaz de guiar yo por los miles de otros casos similares que ocurren a mi memoria. En el presente caso me veo obligado a admitir que los hechos son, a lo mejor de mi creencia, único.

El cliente corpulento hinchó el pecho con una apariencia de algo de orgullo y sacó un poco sucio y arrugado periódico del bolsillo interior de su abrigo. Al echar una mirada en la columna de publicidad, con su empuje hacia adelante la cabeza y el documento de aplanado sobre las rodillas, me tomé una buena mirada al hombre y se

The stout gentleman half rose from his chair and gave a bob of greeting, with a quick little questioning glance from his small fat-encircled eyes.

"Try the settee," said Holmes, relapsing into his armchair and putting his fingertips together, as was his custom when in judicial moods. "I know, my dear Watson, that you share my love of all that is bizarre and outside the conventions and humdrum routine of everyday life. You have shown your relish for it by the enthusiasm which has prompted you to chronicle, and, if you will excuse my saying so, somewhat to embellish so many of my own little adventures."

"Your cases have indeed been of the greatest interest to me," I observed.

"You will remember that I remarked the other day, just before we went into the very simple problem presented by Miss Mary Sutherland, that for strange effects and extraordinary combinations we must go to life itself, which is always far more daring than any effort of the imagination."

"A proposition which I took the liberty of doubting."

"You did, Doctor, but none the less you must come round to my view, for otherwise I shall keep on piling fact upon fact on you until your reason breaks down under them and acknowledges me to be right. Now, Mr. Jabez Wilson here has been good enough to call upon me this morning, and to begin a narrative which promises to be one of the most singular which I have listened to for some time. You have heard me remark that the strangest and most unique things are very often connected not with the larger but with the smaller crimes, and occasionally, indeed, where there is room for doubt whether any positive crime has been committed. As far as I have heard it is impossible for me to say whether the present case is an instance of crime or not, but the course of events is certainly among the most singular that I have ever listened to. Perhaps, Mr. Wilson, you would have the great kindness to recommence your narrative. I ask you not merely because my friend Dr. Watson has not heard the opening part but also because the peculiar nature of the story makes me anxious to have every possible detail from your lips. As a rule, when I have heard some slight indication of the course of events, I am able to guide myself by the thousands of other similar cases which occur to my memory. In the present instance I am forced to admit that the facts are, to the best of my belief, unique."

The portly client puffed out his chest with an appearance of some little pride and pulled a dirty and wrinkled newspaper from the inside pocket of his greatcoat. As he glanced down the advertisement column, with his head thrust forward and the paper flattened out upon his knee, I took a good look at the man and

esfuerza, a la manera de mi compañero, a leer las indicaciones que puedan ser presentados por su vestimenta o apariencia.

No ganaba mucho, sin embargo, por mi inspección. Nuestro visitante tenía todas las señales de ser un comerciante británico promedio habitual, obeso, pomposo y lento. Llevaba pantalones bombachos grises en vez pastor de verificación, una no demasiado limpio vestido negro de bata desabrochada en el frente, y un chaleco gris con una gruesa cadena de latón Albert, y un poco cuadrada perforada de metal colgando como un adorno. Un desgastado sombrero de copa y un abrigo marrón descolorido con cuello de terciopelo arrugado sentar en una silla a su lado. En total, mira como me gustaría, no había nada notable en el hombre salvar su cabeza roja brillante, y la expresión de disgusto y descontento extrema en su rostro.

Los ojos rápido de Sherlock Holmes lee mi mente, y él movió la cabeza con una sonrisa mientras se dio cuenta de mi interrogatorio miradas.

-Más allá de los hechos evidentes de que ha hecho en algún momento el trabajo manual, que toma el tabaco, que es un masón, que ha estado en China, y que él ha hecho una cantidad considerable de escribir últimamente, puedo deducir otra cosa .

El señor Jabez Wilson puso en marcha en su silla, con el dedo índice sobre el papel, pero sus ojos sobre mi compañero.

-¿Cómo, en nombre de la buena fortuna, ¿sabía usted todo eso, señor Holmes? -se preguntó. -¿Cómo lo sabes, por ejemplo, que hice el trabajo manual. Es tan cierto como el Evangelio, porque empezó como carpintero de un barco.

-Sus manos, mi querido señor. Su mano derecha es un tamaño bastante más grande que el izquierdo. Usted ha trabajado con él, y los músculos están más desarrollados.

-Bueno, el tabaco, entonces, ¿la masonería y el?

-No voy a insultar su inteligencia al que le dice cómo he leído que, sobre todo porque, más bien contra las estrictas reglas de su orden, se utiliza un arco y brújula alfiler.

-Ah, por supuesto, se me olvidó eso. ¿Pero la escritura?

-¿Qué otra cosa puede ser indicada por la banda derecha de forma muy brillante durante cinco pulgadas, y el izquierdo con el parche sin problemas cerca del codo en el que reposar sobre el escritorio?

-Bueno, ¿pero China?

-El pez que tiene tatuado justo encima de la muñeca derecha sólo se podría haber hecho en China. He hecho un pequeño estudio de tatuajes e incluso han contribuido a la literatura de la materia. Ese truco de teñir las escalas de los peces de un delicado color rosa es muy particular a China. Cuando, además, veo una moneda china colgando de su reloj de cadena, el asunto se vuelve aún más simple.

endeavoured, after the fashion of my companion, to read the indications which might be presented by his dress or appearance.

I did not gain very much, however, by my inspection. Our visitor bore every mark of being an average commonplace British tradesman, obese, pompous, and slow. He wore rather baggy grey shepherd's check trousers, a not over-clean black frock-coat, unbuttoned in the front, and a drab waistcoat with a heavy brassy Albert chain, and a square pierced bit of metal dangling down as an ornament. A frayed top-hat and a faded brown overcoat with a wrinkled velvet collar lay upon a chair beside him. Altogether, look as I would, there was nothing remarkable about the man save his blazing red head, and the expression of extreme chagrin and discontent upon his features.

Sherlock Holmes' quick eye took in my occupation, and he shook his head with a smile as he noticed my questioning glances. "Beyond the obvious facts that he has at some time done manual labour, that he takes snuff, that he is a Freemason, that he has been in China, and that he has done a considerable amount of writing lately, I can deduce nothing else."

Mr. Jabez Wilson started up in his chair, with his forefinger upon the paper, but his eyes upon my companion.

"How, in the name of good-fortune, did you know all that, Mr. Holmes?" he asked. "How did you know, for example, that I did manual labour. It's as true as gospel, for I began as a ship's carpenter."

"Your hands, my dear sir. Your right hand is quite a size larger than your left. You have worked with it, and the muscles are more developed."

"Well, the snuff, then, and the Freemasonry?"

"I won't insult your intelligence by telling you how I read that, especially as, rather against the strict rules of your order, you use an arc-and-compass breastpin."

"Ah, of course, I forgot that. But the writing?"

"What else can be indicated by that right cuff so very shiny for five inches, and the left one with the smooth patch near the elbow where you rest it upon the desk?"

"Well, but China?"

"The fish that you have tattooed immediately above your right wrist could only have been done in China. I have made a small study of tattoo marks and have even contributed to the literature of the subject. That trick of staining the fishes' scales of a delicate pink is quite peculiar to China. When, in addition, I see a Chinese coin hanging from your watch-chain, the matter becomes even more simple."

El señor Jabez Wilson se echó a reír mucho. -¡Bueno, nunca!-dijo. -Al principio pensé que había hecho algo inteligente, pero veo que no había nada en él, después de todo.
-Empiezo a pensar, Watson -dijo Holmes-, que cometo un error en la explicación. Ignotum Omne pro magnifico, 'usted sabe, y mi reputación pobre, como lo es, sufrirá naufragio si soy tan cándida . ¿No puede encontrar el anuncio, señor Wilson?
-Sí, lo tengo ahora -respondió él con el dedo grueso rojo plantado a mitad de la columna. -Aquí está. Esto es lo que empezó todo. Simplemente lo lea por usted mismo, señor.
Tomé el papel de él, y dicen así:
-PARA LA LIGA PELIRROJO: A causa de la herencia del difunto Ezekiah Hopkins, del Líbano, Pennsylvania, EE.UU., ahora hay otra vacante que da derecho a abrir un miembro de la Liga a un salario de cuatro libras a la semana durante puramente nominal los servicios. Todos los hombres de cabeza roja que son sanos de cuerpo y mente y por encima de la edad de veintiún años, son elegibles. Aplicar en persona el lunes, a las once, a Duncan Ross, en las oficinas de la Liga, 7 Papa's Court, Fleet Street.
-¿Qué diablos significa esto? -Exclamé después de que yo había leído dos veces en el anuncio extraordinario. Holmes se rió entre dientes y se retorcía en su silla, como era su costumbre cuando de muy buen humor. -Es un poco fuera de lo convencional, ¿no? -dijo. -Y ahora, señor Wilson, fuera de ir a la nada y decirnos todo sobre usted, su hogar, y el efecto que este anuncio tuvo sobre su suerte. En primer lugar, hará una nota, doctor, del papel y la fecha.
-Se trata de The Morning Chronicle del 27 de abril de 1890. Hace apenas dos meses.
-Muy bien. ¿Y ahora, señor Wilson?
-Bueno, es así como yo he estado diciendo, señor Sherlock Holmes-dijo Jabez Wilson, secándose la frente-, tengo que hacer una casa de empeños pequeño en Coburg Square, cerca de la ciudad. No es un asunto muy grande, y en los últimos años no ha hecho más que darme la vida. Solía ser capaz de mantener dos ayudantes, pero ahora sólo tengo una, y yo tendría un trabajo para pagarle, pero que está dispuesto a entrar por la mitad los salarios con el fin de aprender el negocio. -
-¿Cuál es el nombre de este joven que obliga? -preguntó Sherlock Holmes.
-Se llama Vicente Spaulding, y no es tan joven, tampoco. Es difícil decir su edad. No quisiera uno más inteligente asistente, el Sr. Holmes, y sé muy bien que él mejor pudo y ganar el doble de lo que soy capaz de darle. Pero, después de todo, si está convencido, ¿por qué debo poner las ideas en su cabeza?
-¿Por qué, en efecto? Usted parece muy afortunado en tener un empleado que está bajo el precio total del mercado.

Mr. Jabez Wilson laughed heavily. "Well, I never!" said he. "I thought at first that you had done something clever, but I see that there was nothing in it, after all."

"I begin to think, Watson," said Holmes, "that I make a mistake in explaining. 'Omne ignotum pro magnifico,' you know, and my poor little reputation, such as it is, will suffer shipwreck if I am so candid. Can you not find the advertisement, Mr. Wilson?"

"Yes, I have got it now," he answered with his thick red finger planted halfway down the column. "Here it is. This is what began it all. You just read it for yourself, sir."

I took the paper from him and read as follows:

"TO THE RED-HEADED LEAGUE: On account of the bequest of the late Ezekiah Hopkins, of Lebanon, Pennsylvania, U. S. A., there is now another vacancy open which entitles a member of the League to a salary of 4 pounds a week for purely nominal services. All red-headed men who are sound in body and mind and above the age of twenty-one years, are eligible. Apply in person on Monday, at eleven o'clock, to Duncan Ross, at the offices of the League, 7 Pope's Court, Fleet Street."

"What on earth does this mean?" I ejaculated after I had twice read over the extraordinary announcement.

Holmes chuckled and wriggled in his chair, as was his habit when in high spirits. "It is a little off the beaten track, isn't it?" said he. "And now, Mr. Wilson, off you go at scratch and tell us all about yourself, your household, and the effect which this advertisement had upon your fortunes. You will first make a note, Doctor, of the paper and the date."

"It is The Morning Chronicle of April 27, 1890. Just two months ago."

"Very good. Now, Mr. Wilson?"

"Well, it is just as I have been telling you, Mr. Sherlock Holmes," said Jabez Wilson, mopping his forehead; "I have a small pawnbroker's business at Coburg Square, near the City. It's not a very large affair, and of late years it has not done more than just give me a living. I used to be able to keep two assistants, but now I only keep one; and I would have a job to pay him but that he is willing to come for half wages so as to learn the business."

"What is the name of this obliging youth?" asked Sherlock Holmes.

"His name is Vincent Spaulding, and he's not such a youth, either. It's hard to say his age. I should not wish a smarter assistant, Mr. Holmes; and I know very well that he could better himself and earn twice what I am able to give him. But, after all, if he is satisfied, why should I put ideas in his head?"

"Why, indeed? You seem most fortunate in having an employé who comes under the full market price.

-No es una experiencia común entre los empleadores en esta era. No sé de que su ayudante no es tan notable como su anuncio.
-Oh, él tiene sus defectos, también -dijo el señor Wilson. -Nunca fue un tipo tan por la fotografía. Sacando fotos con una cámara cuando debería ser la mejora de su mente, y luego de buceo hasta el sótano como un conejo en su madriguera para desarrollar sus cuadros. Esa es su principal defecto, pero en el todo él es un buen trabajador. No hay vicio en él.
-¿Él todavía está con usted, supongo?
-Sí, señor He. Y una niña de catorce años, que hace un poco de cocina sencilla y mantiene limpio el lugar; que es todo lo que tengo en la casa, no porque yo soy viudo y tenía familia. Vivimos en voz muy baja, señor, los tres de nosotros, y mantener un techo sobre nuestras cabezas y pagar nuestras deudas, si no hacemos nada más.
-Lo primero que nos pusieron a cabo fue ese anuncio. Spaulding, bajó a la oficina el día de hoy sólo ocho semanas, con este trabajo muy en la mano, y dice:
-Quiero al Señor, señor Wilson, que yo era un hombre pelirrojo.
-¿Por qué eso? Me pregunta.
-Porque -dice él-, aquí está otra vacante en la Liga de los Pelirrojos. Vale la pena bastante pequeña fortuna a cualquier hombre que lo consigue, y entiendo que hay más vacantes que hay hombres, de modo que los administradores se encuentran en borde de la desesperación de qué hacer con el dinero. Si el pelo sólo cambian de color, aquí hay una cuna pequeña y atractiva todo listo para que yo paso a adoptar.
-¿Por qué, qué es, entonces? -Pregunté yo.
-Usted ve, señor Holmes, yo soy un hombre muy ama de casa, y como mi negocio vino a mí en vez de tener que ir a él, yo era a menudo semanas enteras sin poner el pie sobre el felpudo. De esa manera yo no sabía mucho de lo que estaba pasando afuera, y yo siempre estaba contento de un poco de noticias.
-¿Nunca has oído hablar de la Liga de los Pelirrojos? -preguntó con los ojos abiertos.
-Nunca-
-¿Por qué, me pregunto en que, para usted es elegible usted mismo si tiene una de las vacantes.-
-Y ¿para qué sirven? -Le pregunté.
-Oh, sólo un par de libras al año, pero el trabajo es escaso, y no tiene por qué interferir en gran medida con una de las demás ocupaciones.
-Bueno, usted puede fácilmente pensar que eso me hizo aguzar los oídos, porque el negocio no ha sido muy bien por un rato, y un poco más dinero hubiera sido muy útil.

It is not a common experience among employers in this age. I don't know that your assistant is not as remarkable as your advertisement."

"Oh, he has his faults, too," said Mr. Wilson. "Never was such a fellow for photography. Snapping away with a camera when he ought to be improving his mind, and then diving down into the cellar like a rabbit into its hole to develop his pictures. That is his main fault, but on the whole he's a good worker. There's no vice in him."

"He is still with you, I presume?"

"Yes, sir. He and a girl of fourteen, who does a bit of simple cooking and keeps the place clean--that's all I have in the house, for I am a widower and never had any family. We live very quietly, sir, the three of us; and we keep a roof over our heads and pay our debts, if we do nothing more.

"The first thing that put us out was that advertisement. Spaulding, he came down into the office just this day eight weeks, with this very paper in his hand, and he says:

"'I wish to the Lord, Mr. Wilson, that I was a red-headed man.'

"'Why that?' I asks.

"'Why,' says he, 'here's another vacancy on the League of the Red-headed Men. It's worth quite a little fortune to any man who gets it, and I understand that there are more vacancies than there are men, so that the trustees are at their wits' end what to do with the money. If my hair would only change colour, here's a nice little crib all ready for me to step into.'

"'Why, what is it, then?' I asked. You see, Mr. Holmes, I am a very stay-at-home man, and as my business came to me instead of my having to go to it, I was often weeks on end without putting my foot over the door-mat. In that way I didn't know much of what was going on outside, and I was always glad of a bit of news.

"'Have you never heard of the League of the Red-headed Men?' he asked with his eyes open.

"'Never.'

"'Why, I wonder at that, for you are eligible yourself for one of the vacancies.'

"'And what are they worth?' I asked.

"'Oh, merely a couple of hundred a year, but the work is slight, and it need not interfere very much with one's other occupations.'

"Well, you can easily think that that made me prick up my ears, for the business has not been over-good for some years, and an extra couple of hundred would have been very handy.

-Dime todo sobre ella -dije yo
--Bueno-dijo, mostrándome el anuncio-, usted mismo puede ver que la Liga tiene una vacante, y no es la dirección en que debe aplicarse para la relación. Por lo que he podido averiguar, la Liga fue fundada por un millonario americano, Ezekiah Hopkins, que era muy peculiar en sus caminos. Él mismo era pelirrojo, y tenía una gran simpatía por todos los hombres de cabeza roja, así que cuando murió se encontró que había dejado su enorme fortuna en manos de administradores, con instrucciones de aplicar el interés para la prestación de literas fácil a los hombres cuyo pelo es de ese color. De todo lo que escucho es pagar espléndido y muy poco que hacer.
--Pero-dije-, no habría millones de hombres de cabeza roja, que se aplicaría.
-No tantos como usted podría pensar -respondió-Ya ve usted que es realmente limitado a los londinenses, ya hombres hechos y Este de América. Había partido de Londres, cuando él era joven, y él quería hacer el casco antiguo de una buena a su vez. Luego, una vez más, he oído que es inútil su aplicación si su pelo es de color rojo claro o rojo oscuro, ni nada, pero real brillante, brillante, de color rojo fuego. Ahora, si usted cuida a aplicar, el señor Wilson, que acaba de caminar en, pero tal vez no sería digno de su rato de ponerse a un lado por el bien de unos pocos cientos de libras.
-Ahora bien, es un hecho, señores, como ustedes pueden ver por sí mismos, para que mi cabello es de un tinte muy completo y rico, de modo que me parecía que si iba a haber una competencia en la materia me quedé tan bueno una oportunidad como cualquier otro hombre que yo había conocido. Vincent Spaulding parecía saber tanto sobre él que pensé que podría ser útil, así que sólo le ordenó que se ponga para arriba las persianas durante el día y venir de inmediato conmigo. Él estaba muy dispuesta a tener un día de fiesta, así que cerramos el negocio y partimos hacia la dirección que nos fue dada en el anuncio.
-Yo nunca la esperanza de ver un espectáculo semejante como la otra vez, señor Holmes. Desde el norte, sur, este y oeste todo hombre que tenía un tono de rojo en su pelo había andado a la ciudad para responder a la publicidad. Calle Fleet fue atragantó con la gente de cabeza roja, y la Corte Papa parecía carretilla naranja un vendedor ambulante. Yo no hubiera creído que había tantos en todo el país que se ha desarrollado en conjunto por ese solo anuncio. Cada sombra de color eran - la paja, el limón , naranja, ladrillo, compositor irlandés, hígado, arcilla, pero, como dijo Spaulding, no había muchos que tenían la verdadera tonalidad viva la llama de color. Cuando vi cuántos estaban esperando, yo le habría dado en la desesperación; pero Spaulding no quiso saber nada de ella.

"'Tell me all about it,' said I.
"'Well,' said he, showing me the advertisement, 'you can see for yourself that the League has a vacancy, and there is the address where you should apply for particulars. As far as I can make out, the League was founded by an American millionaire, Ezekiah Hopkins, who was very peculiar in his ways. He was himself red-headed, and he had a great sympathy for all red-headed men; so when he died it was found that he had left his enormous fortune in the hands of trustees, with instructions to apply the interest to the providing of easy berths to men whose hair is of that colour. From all I hear it is splendid pay and very little to do.'
"'But,' said I, 'there would be millions of red-headed men who would apply.'
"'Not so many as you might think,' he answered. 'You see it is really confined to Londoners, and to grown men. This American had started from London when he was young, and he wanted to do the old town a good turn. Then, again, I have heard it is no use your applying if your hair is light red, or dark red, or anything but real bright, blazing, fiery red. Now, if you cared to apply, Mr. Wilson, you would just walk in; but perhaps it would hardly be worth your while to put yourself out of the way for the sake of a few hundred pounds.'

"Now, it is a fact, gentlemen, as you may see for yourselves, that my hair is of a very full and rich tint, so that it seemed to me that if there was to be any competition in the matter I stood as good a chance as any man that I had ever met. Vincent Spaulding seemed to know so much about it that I thought he might prove useful, so I just ordered him to put up the shutters for the day and to come right away with me. He was very willing to have a holiday, so we shut the business up and started off for the address that was given us in the advertisement.

"I never hope to see such a sight as that again, Mr. Holmes. From north, south, east, and west every man who had a shade of red in his hair had tramped into the city to answer the advertisement. Fleet Street was choked with red-headed folk, and Pope's Court looked like a coster's orange barrow. I should not have thought there were so many in the whole country as were brought together by that single advertisement. Every shade of colour they were-- straw, lemon, orange, brick, Irish-setter, liver, clay; but, as Spaulding said, there were not many who had the real vivid flame-coloured tint. When I saw how many were waiting, I would have given it up in despair; but Spaulding would not hear of it."

¿Cómo lo hizo no me podía imaginar, pero que empujó y tiró a tope y hasta que me consiguió a través de la multitud, y hasta los pasos que llevaron a la oficina. Hubo una doble corriente en la escalera, algunos subiendo en la esperanza, y algunos vienen abatidos recuperarla, pero en cuña, así como pudimos y pronto nos encontramos en la oficina.

-Su experiencia ha sido de lo más entretenido-comentó Holmes, su cliente hizo una pausa y refrescó la memoria con una pizca enorme de tabaco. -Por favor continúe con su declaración muy interesante.

-No había nada en la oficina, pero un par de sillas de madera y una mesa de pino, detrás del cual estaba sentado un hombre pequeño con una cabeza que era aún más roja que la mía. Dijo algunas palabras a cada candidato que se le ocurrió, y luego siempre se las arreglaba para encontrar alguna falta en ellos que les descalifica. Conseguir una vacante no parecía ser un asunto muy fácil, después de todo. Sin embargo, cuando llegó nuestro turno el hombrecillo era mucho más favorable para mí que para cualquiera de los los demás, y cerró la puerta al entrar, de modo que podría haber una palabra privada con nosotros.

-Este es el señor Jabez Wilson-dijo mi asistente, y él está dispuesto a cubrir una vacante en la Liga.

-Y él se presta admirablemente para ello -el otro contestó. -Tiene todos los requisitos. No puedo recordar cuando he visto nada tan hermoso-. Dio un paso hacia atrás, inclinó la cabeza hacia un lado, y miró a mi pelo hasta que me sentí bastante tímida. Y de pronto se lanzó hacia adelante, me estrechó la mano y me felicitó calurosamente por mi éxito.

-Sería una injusticia dudar -dijo. -Usted, sin embargo, estoy seguro, perdón por tomar una precaución obvia. Con eso se apoderó de mi cabello con ambas manos y tiró hasta que grité de dolor. -Hay agua en sus ojos -dijo mientras me liberaron. -Veo que todo es como debe ser. Pero, ¿hemos que tener cuidado, porque hemos sido engañados dos veces con pelucas y una vez por la pintura. Te podría decir cuentos de cera de zapatero que le disgusto con la naturaleza humana.

Se acercó a la ventana y gritó a través de él en la parte superior de su voz que la vacante se llenó. Un gemido de desilusión vino desde abajo, y la gente en tropel todos los de distancia en diferentes direcciones hasta que no era una pelirroja que se visto excepto el mío y el del gerente.

-Mi nombre-dijo él-, es el señor Duncan Ross, y yo soy yo uno de los pensionistas en el fondo que dejan nuestros noble benefactor. ¿Es usted casado, señor Wilson? ¿Tiene usted familia?

-Yo le respondí que no.

-Su rostro se fijó de inmediato.

-¡Dios mío! -dijo con gravedad-, ¡que es muy grave!

"How he did it I could not imagine, but he pushed and pulled and butted until he got me through the crowd, and right up to the steps which led to the office. There was a double stream upon the stair, some going up in hope, and some coming back dejected; but we wedged in as well as we could and soon found ourselves in the office."

"Your experience has been a most entertaining one," remarked Holmes as his client paused and refreshed his memory with a huge pinch of snuff. "Pray continue your very interesting statement."

"There was nothing in the office but a couple of wooden chairs and a deal table, behind which sat a small man with a head that was even redder than mine. He said a few words to each candidate as he came up, and then he always managed to find some fault in them which would disqualify them. Getting a vacancy did not seem to be such a very easy matter, after all. However, when our turn came the little man was much more favourable to me than to any of the others, and he closed the door as we entered, so that he might have a private word with us.

"'This is Mr. Jabez Wilson,' said my assistant, 'and he is willing to fill a vacancy in the League.'

"'And he is admirably suited for it,' the other answered. 'He has every requirement. I cannot recall when I have seen anything so fine.' He took a step backward, cocked his head on one side, and gazed at my hair until I felt quite bashful. Then suddenly he plunged forward, wrung my hand, and congratulated me warmly on my success.

"'It would be injustice to hesitate,' said he. 'You will, however, I am sure, excuse me for taking an obvious precaution.' With that he seized my hair in both his hands, and tugged until I yelled with the pain. 'There is water in your eyes,' said he as he released me. 'I perceive that all is as it should be. But we have to be careful, for we have twice been deceived by wigs and once by paint. I could tell you tales of cobbler's wax which would disgust you with human nature.' He stepped over to the window and shouted through it at the top of his voice that the vacancy was filled. A groan of disappointment came up from below, and the folk all trooped away in different directions until there was not a red-head to be seen except my own and that of the manager.

"'My name,' said he, 'is Mr. Duncan Ross, and I am myself one of the pensioners upon the fund left by our noble benefactor. Are you a married man, Mr. Wilson? Have you a family?'

"I answered that I had not.

"His face fell immediately.

"'Dear me!' he said gravely, 'that is very serious indeed!

Lamento oírle decir eso. El fondo fue, por supuesto, a la multiplicación y propagación de la rojo-cabezas, así como para su mantenimiento. Es sumamente lamentable que debe ser soltero.

-Mi rostro alargado en esto, señor Holmes, porque pensé que no iba a tener la vacante después de todo, pero después de pensarlo durante unos minutos me dijo que iba a estar bien.

-En el caso de otro -dijo, -la objeción podría ser fatal, pero hay que estirar un punto a favor de un hombre con una cabeza de pelo que los suyos. ¿Cuando serás capaz de entrar en sus nuevas tareas?

-Bueno, es un poco incómodo, porque tengo un negocio ya -dije yo

-¡Oh, no te preocupes por eso, señor Wilson! -dijo Vincent Spaulding. -Debo ser capaz de cuidar de eso por ti.

-¿Cuál sería la hora? -le pregunté.

-De diez a dos.

-Ahora el negocio de un prestamista se hace principalmente por las tardes, noches señor Holmes, especialmente Jueves y viernes, que es justo antes del día de pago, así que me vendría muy bien para ganar un poco por las mañanas. Además, yo sabía que mi asistente era un buen hombre, y que él se encargaría de todo lo que esté alto.

-Eso me vendría muy bien -dije yo-, ¿Y el sueldo?

-Es de 4 libras por semana.

-¿Y el trabajo?

-¿Es puramente nominal.

-¿Cómo se llama puramente nominal?

-Bueno, usted tiene que estar en la oficina, o por lo menos en el edificio, todo el tiempo. Si te vas, renuncia a su posición de todo para siempre. La voluntad es muy clara en ese punto. Usted no cumple con la si las condiciones de moverse de la oficina durante ese tiempo.

-Es sólo cuatro horas al día, y yo no debería pensar en irse, dijo.

-Ya no hay excusa será en vano -dijo el señor Duncan Ross, -ni la enfermedad ni la empresa ni ninguna otra cosa. No hay que quedarse, o si pierde su billete.

-¿Y el trabajo?

-¿Es para copiar la -Enciclopedia Británica-. No es el primer volumen de la misma en que la prensa. Tienes que encontrar tu propia tinta, plumas y papel secante, pero proporcionamos esta mesa y la silla. ¿Va a estar listo para mañana?

--Desde luego-respondí-.

--Entonces, adiós, señor Jabez Wilson, y permítame felicitarle una vez más en la importante posición que ha tenido la suerte de ganar-. Él me retiró de la habitación y me fui a casa con mi asistente, sin saber qué decir ni qué hacer, me ha alegrado tanto en mi buena suerte.

"I am sorry to hear you say that. The fund was, of course, for the propagation and spread of the red-heads as well as for their maintenance. It is exceedingly unfortunate that you should be a bachelor.'

"My face lengthened at this, Mr. Holmes, for I thought that I was not to have the vacancy after all; but after thinking it over for a few minutes he said that it would be all right.

"'In the case of another,' said he, 'the objection might be fatal, but we must stretch a point in favour of a man with such a head of hair as yours. When shall you be able to enter upon your new duties?'

"'Well, it is a little awkward, for I have a business already,' said I.

"'Oh, never mind about that, Mr. Wilson!' said Vincent Spaulding. 'I should be able to look after that for you.'

"'What would be the hours?' I asked.

"'Ten to two.'

"Now a pawnbroker's business is mostly done of an evening, Mr. Holmes, especially Thursday and Friday evening, which is just before pay-day; so it would suit me very well to earn a little in the mornings. Besides, I knew that my assistant was a good man, and that he would see to anything that turned up.

"'That would suit me very well,' said I. 'And the pay?'

"'Is 4 pounds a week.'

"'And the work?'

"'Is purely nominal.'

"'What do you call purely nominal?'

"'Well, you have to be in the office, or at least in the building, the whole time. If you leave, you forfeit your whole position forever. The will is very clear upon that point. You don't comply with the conditions if you budge from the office during that time.'

"'It's only four hours a day, and I should not think of leaving,' said I.

"'No excuse will avail,' said Mr. Duncan Ross; 'neither sickness nor business nor anything else. There you must stay, or you lose your billet.'

"'And the work?'

"'Is to copy out the "Encyclopaedia Britannica." There is the first volume of it in that press. You must find your own ink, pens, and blotting-paper, but we provide this table and chair. Will you be ready to-morrow?'

"'Certainly,' I answered.

"'Then, good-bye, Mr. Jabez Wilson, and let me congratulate you once more on the important position which you have been fortunate enough to gain.' He bowed me out of the room and I went home with my assistant, hardly knowing what to say or do, I was so pleased at my own good fortune."

-Bueno, pensé en el asunto de todo el día, y por la tarde yo estaba en bajo estado de ánimo una vez más, porque yo tenía bastante convencido a mí mismo que todo el asunto debe haber alguna gran engaño o fraude, a pesar de lo que podría ser su objeto no podía imaginar. Parecía totalmente últimos creencia de que alguien pudiera hacer tal voluntad, o que estarían dispuestos a pagar semejante suma por hacer algo tan sencillo como copiar la -Enciclopedia Británica-. Vicente Spaulding hizo lo que pudo para animarme, pero por la hora de dormir que me había motivado a cabo de todo este asunto. Sin embargo, en la mañana me decidí a tener una mirada en ella de todos modos, así que compré una botella de tinta centavo, y con una pluma-pluma, y siete hojas de papel tamaño folio, que comenzó para la corte papal.
-Bueno, para mi sorpresa y alegría, todo era lo mejor posible. El cuadro se expuso listo para mí, y el señor Duncan Ross estaba allí para ver que tengo que trabajar bastante. Me empezó a la letra A, y entonces él me dejó, pero se dejaba caer de vez en cuando para ver que todo estaba bien para mí. A las dos me deseó buenas días, me felicitó de la cantidad que yo había escrito, y cerró la puerta de la oficina después de mí.
-Este fue el día tras día, señor Holmes, y el sábado el director entró y tablones establecen cuatro soberanos de oro para el trabajo de mi semana. Lo mismo la semana que viene, y lo mismo la semana siguiente. Cada mañana me estaba allí en diez, y cada tarde me fui a las dos. Poco a poco el señor Duncan Ross llevó a entrar en una sola vez de una mañana y, a continuación, después de un tiempo, él no vino a todos. Sin embargo, por supuesto, nunca me atreví a salir de la habitación por un instante, porque yo no estaba seguro de cuándo podría venir, y fue el tocho tan buena, y me venía tan bien, que yo no correría el riesgo de la pérdida de la misma.
-Ocho semanas pasaron así, y yo había escrito sobre Abades y Tiro con arco y Armour y Arquitectura y el Ática, y esperaba con la diligencia que podría subir a la B antes de mucho tiempo. Me costó algo en papel de barba, y yo tenía bastante casi lleno un estante con mis escritos. Y de pronto todo el asunto llegó a su fin.
-¿Para una final?
-Sí, señor. Esta mañana. Fui a mi trabajo como de costumbre a las diez, pero la puerta estaba cerrada con llave, con un pequeño cuadrado de cartón martillado a la mitad del panel con una tachuela . Aquí está, y usted puede leer por ti mismo.
Levantó un pedazo de cartón blanco del tamaño de una hoja de notas de papel. Decía de esta manera:

"Well, I thought over the matter all day, and by evening I was in low spirits again; for I had quite persuaded myself that the whole affair must be some great hoax or fraud, though what its object might be I could not imagine. It seemed altogether past belief that anyone could make such a will, or that they would pay such a sum for doing anything so simple as copying out the 'Encyclopaedia Britannica.' Vincent Spaulding did what he could to cheer me up, but by bedtime I had reasoned myself out of the whole thing. However, in the morning I determined to have a look at it anyhow, so I bought a penny bottle of ink, and with a quill-pen, and seven sheets of foolscap paper, I started off for Pope's Court."

"Well, to my surprise and delight, everything was as right as possible. The table was set out ready for me, and Mr. Duncan Ross was there to see that I got fairly to work. He started me off upon the letter A, and then he left me; but he would drop in from time to time to see that all was right with me. At two o'clock he bade me good-day, complimented me upon the amount that I had written, and locked the door of the office after me."

"This went on day after day, Mr. Holmes, and on Saturday the manager came in and planked down four golden sovereigns for my week's work. It was the same next week, and the same the week after. Every morning I was there at ten, and every afternoon I left at two. By degrees Mr. Duncan Ross took to coming in only once of a morning, and then, after a time, he did not come in at all. Still, of course, I never dared to leave the room for an instant, for I was not sure when he might come, and the billet was such a good one, and suited me so well, that I would not risk the loss of it."

"Eight weeks passed away like this, and I had written about Abbots and Archery and Armour and Architecture and Attica, and hoped with diligence that I might get on to the B's before very long. It cost me something in foolscap, and I had pretty nearly filled a shelf with my writings. And then suddenly the whole business came to an end."

"To an end?"

"Yes, sir. And no later than this morning. I went to my work as usual at ten o'clock, but the door was shut and locked, with a little square of cardboard hammered on to the middle of the panel with a tack. Here it is, and you can read for yourself."

He held up a piece of white cardboard about the size of a sheet of note-paper. It read in this fashion:

LA LIGA PELIRROJO
ES
DISUELTOS.
09 de octubre 1890.

Sherlock Holmes y yo encuestados este anuncio cortante y la cara compungida detrás de él, hasta que el lado cómico del asunto tan completamente sobrepasaba cualquier otra consideración que ambos estalló en una carcajada.

-No puedo ver que hay algo muy divertido-, exclamó nuestro cliente, rubor hasta las raíces de su flamante cabeza. -Si usted no puede hacer nada mejor que reírse de mí, puedo ir a otra parte.

-No, no-exclamó Holmes, empujándolo de nuevo en la silla de la que se había levantado la mitad. -Realmente no me perdería su caso para el mundo. Es muy refrescante y poco común. Pero está ahí, si se me permite que lo diga, algo un poco gracioso al respecto. ¿Ora qué medidas tomó usted cuando se enteró de la tarjeta en la puerta?

-Me quedé asombrado, señor. Yo no sabía qué hacer. Entonces me llamó a las oficinas de la ronda, pero ninguno de ellos parecía saber nada al respecto. Por último, me fui al propietario, que es un contador que viven en el suelo piso, y le pregunté si podía decirme qué había sido de la Liga de los Pelirrojos. Dijo que nunca había oído hablar de tal órgano. Entonces le pregunté quién era el señor Duncan Ross. Me contestó que el nombre era nuevo para él.

--Bueno-dije, -el caballero en el nº 4.

-¿Qué, el hombre pelirrojo?

-Sí.

-Oh, dijo, era su nombre de William Morris. Él era un abogado y estaba utilizando mi cuarto como una conveniencia temporal hasta su nueva sede estaban listos. Se trasladó ayer a cabo.

-¿Dónde puedo encontrarlo?

-Oh, en sus oficinas nuevas. Él se lo dijo a mí la dirección. Sí, el rey Eduardo 17 Street, cerca de St. Paul.

-Yo comencé, señor Holmes, pero cuando llegué a esa dirección que era una fábrica de rodilleras artificiales, y nadie en ella había oído hablar de cualquiera de Morris Sr. William o el señor Duncan Ross.

-¿Y qué hiciste entonces? -preguntó Holmes.

-Me fui a casa de Saxe-Coburg Square, y tomé el consejo de mi ayudante. Pero no me podía ayudar de alguna manera. Sólo podía decir que si esperaba que debo escuchar por correo. Pero eso no era lo suficientemente buena, señor Holmes. Yo no quería perder un lugar tan sin lucha, por lo que, como yo había oído que eran lo suficientemente buenos para dar consejos a gente pobre que tenían necesidad de él, vine de inmediato para usted.

THE RED-HEADED LEAGUE
IS
DISSOLVED.
October 9, 1890.

Sherlock Holmes and I surveyed this curt announcement and the rueful face behind it, until the comical side of the affair so completely overtopped every other consideration that we both burst out into a roar of laughter.

"I cannot see that there is anything very funny," cried our client, flushing up to the roots of his flaming head. "If you can do nothing better than laugh at me, I can go elsewhere."

"No, no," cried Holmes, shoving him back into the chair from which he had half risen. "I really wouldn't miss your case for the world. It is most refreshingly unusual. But there is, if you will excuse my saying so, something just a little funny about it. Pray what steps did you take when you found the card upon the door?"

"I was staggered, sir. I did not know what to do. Then I called at the offices round, but none of them seemed to know anything about it. Finally, I went to the landlord, who is an accountant living on the ground-floor, and I asked him if he could tell me what had become of the Red-headed League. He said that he had never heard of any such body. Then I asked him who Mr. Duncan Ross was. He answered that the name was new to him.

"'Well,' said I, 'the gentleman at No. 4.'

"'What, the red-headed man?'

"'Yes.'

"'Oh,' said he, 'his name was William Morris. He was a solicitor and was using my room as a temporary convenience until his new premises were ready. He moved out yesterday.'

"'Where could I find him?'

"'Oh, at his new offices. He did tell me the address. Yes, 17 King Edward Street, near St. Paul's.'

"I started off, Mr. Holmes, but when I got to that address it was a manufactory of artificial knee-caps, and no one in it had ever heard of either Mr. William Morris or Mr. Duncan Ross."

"And what did you do then?" asked Holmes.

"I went home to Saxe-Coburg Square, and I took the advice of my assistant. But he could not help me in any way. He could only say that if I waited I should hear by post. But that was not quite good enough, Mr. Holmes. I did not wish to lose such a place without a struggle, so, as I had heard that you were good enough to give advice to poor folk who were in need of it, I came right away to you."

-Y lo hizo muy bien hoy -dijo Holmes. -Su caso es uno muy notable, y yo con mucho gusto en ella. De lo que me han dicho que piensan que es posible que los problemas más graves que cuelgan de lo que pudiera parecer a primera vista.
-¡Grave suficiente!-dijo el señor Jabez Wilson. -¿Por qué, he perdido cuatro libras a la semana.
-Por lo que usted está personalmente preocupado -comentó Holmes, -no veo que haya ningún motivo de queja contra esta liga extraordinaria. Por el contrario, es usted, según tengo entendido, más rica por unos 30 kilos, por no hablar de la minucioso conocimiento que han adquirido en cada tema que está bajo la letra A. Usted ha perdido nada por ellos.
-No, señor. Pero yo quiero saber acerca de ellos, y quiénes son y cuál es su objeto era en jugar esta broma; si que era una broma; sobre mí. Era una broma bastante caro para ellos, para que les costó treinta y dos libras.
-Nos esforzaremos para aclarar estos puntos para usted. Y, en primer lugar, una o dos preguntas, el Sr. Wilson. Este asistente suyo que primero llamó su atención sobre el anuncio: ¿Cuánto tiempo había estado con ustedes?
-Aproximadamente un mes después.
-¿Cómo llegó?
-En respuesta a un anuncio.
-¿Fue el solicitante sólo?
-No, tuve una docena.
-¿Por qué eligió a él?
-Debido a que era útil y que es barata.
-En la mitad del salario, de hecho.
-Sí-.
-¿Cómo es, este Vicente Spaulding?
-Pequeño, robusto construido, muy rápida en sus caminos, sin pelo en la cara, aunque no por debajo de los treinta años. Tiene una mancha blanca de ácido en la frente.
Holmes se sentó en su silla en un considerable entusiasmo. -Ya me lo imaginaba-, dijo. -¿Alguna vez has observado que las orejas se perforan para los pendientes?
-Sí, señor. Me dijo que una gitana lo había hecho por él cuando era un muchacho.
-¡Hum!-dijo Holmes, hundiéndose de nuevo en profundas reflexiones. -¿Él todavía está con usted?
-Oh, sí, señor, he hecho más que lo dejó.
-¿Y ha sido su negocio atendidos en su ausencia?
-Nada de que quejarse, señor. Nunca hay mucho que hacer de una mañana.
-Está bien, señor Wilson. Estaré encantado de darle una opinión sobre el asunto en el curso de un día o dos. Hoy es sábado, y espero que el lunes podemos llegar a una conclusión.
-Bueno, Watson -dijo Holmes cuando nuestros visitantes nos había dejado-, ¿lo que hace usted de todo esto?

"And you did very wisely," said Holmes. "Your case is an exceedingly remarkable one, and I shall be happy to look into it. From what you have told me I think that it is possible that graver issues hang from it than might at first sight appear."

"Grave enough!" said Mr. Jabez Wilson. "Why, I have lost four pound a week."

"As far as you are personally concerned," remarked Holmes, "I do not see that you have any grievance against this extraordinary league. On the contrary, you are, as I understand, richer by some 30 pounds, to say nothing of the minute knowledge which you have gained on every subject which comes under the letter A. You have lost nothing by them."

"No, sir. But I want to find out about them, and who they are, and what their object was in playing this prank--if it was a prank--upon me. It was a pretty expensive joke for them, for it cost them two and thirty pounds."

"We shall endeavour to clear up these points for you. And, first, one or two questions, Mr. Wilson. This assistant of yours who first called your attention to the advertisement--how long had he been with you?"

"About a month then."

"How did he come?"

"In answer to an advertisement."

"Was he the only applicant?"

"No, I had a dozen."

"Why did you pick him?"

"Because he was handy and would come cheap."

"At half-wages, in fact."

"Yes."

"What is he like, this Vincent Spaulding?"

"Small, stout-built, very quick in his ways, no hair on his face, though he's not short of thirty. Has a white splash of acid upon his forehead."

Holmes sat up in his chair in considerable excitement. "I thought as much," said he. "Have you ever observed that his ears are pierced for earrings?"

"Yes, sir. He told me that a gipsy had done it for him when he was a lad."

"Hum!" said Holmes, sinking back in deep thought. "He is still with you?"

"Oh, yes, sir; I have only just left him."

"And has your business been attended to in your absence?"

"Nothing to complain of, sir. There's never very much to do of a morning."

"That will do, Mr. Wilson. I shall be happy to give you an opinion upon the subject in the course of a day or two. To-day is Saturday, and I hope that by Monday we may come to a conclusion."

"Well, Watson," said Holmes when our visitor had left us, "what do you make of it all?"

—Yo hago nada de eso —le respondí con franqueza. —Es un negocio más misteriosa.
—Por regla general —dijo Holmes—, cuanto más extravagante es una cosa, menos misteriosa que resulta ser. Es su lugar común, los crímenes de rasgos que son realmente sorprendentes, como un rostro habitual es el más difícil de identificar. Pero deben ser puntuales en la materia.
—¿Qué vas a hacer, entonces? —Le pregunté.
—Fumar —respondió. —Es absolutamente un problema de tres tubos, y le ruego que no me hables de cincuenta minutos—. Él se encogió en su silla, con las rodillas delgadas elaboradas a la nariz de halcón, y se sentó allí con los ojos cerrados y la pipa de barro negro sacando como el pico de un pájaro extraño. Yo había llegado a la conclusión de que se había quedado dormido, y de hecho me estaba asintiendo con la cabeza, cuando de pronto saltó de su silla con el gesto de un hombre que ha metido en la cabeza y le puso la pipa sobre la repisa de la chimenea.
—Sarasate juega en el Hall de St. James's esta tarde —comentó. —¿Qué piensa usted, Watson? ¿Podría usted a sus pacientes de recambio para un par de horas?-
—No tengo nada que hacer hoy. Mi práctica no es muy absorbente.
—Entonces, póngase el sombrero y venga. Estoy pasando por la primera ciudad, y podemos almorzar en el camino. Observo que hay una buena cantidad de música alemana sobre el programa, que es algo más de mi gusto que el italiano o el francés. Es introspectivo, y quiero reflexionar. ¡Ven!
Viajamos en el Metro de la medida de lo Aldersgate, y un corto paseo nos llevó a Saxe-Coburg Square, escenario de la singular historia que habíamos escuchado en la mañana. Fue un lento, pequeño, miserable lugar-gentil, donde cuatro líneas de lúgubres casas de ladrillo de dos pisos se asomó a una pequeña barandilla-en el recinto, donde un césped de hierba y maleza una montones algunos de los arbustos de laurel desapareció hace un duro lucha contra una atmósfera cargada de humo y no le gusta. Tres bolas doradas y un tablero de color marrón con -Jabez Wilson- en letras blancas, en una casa de la esquina, ha anunciado el lugar donde nuestros clientes pelirrojo llevaba en su negocio. Sherlock Holmes se detuvo frente a ella con la cabeza de un lado y miró por todas partes, con los ojos brillando entre los párpados fruncidos. Luego caminó lentamente por la calle, y luego de nuevo a la esquina, todavía mirando profundamente en las casas. Finalmente volvió a la casa de empeños, y, habiendo golpeó con fuerza sobre el pavimento con el bastón de dos o tres veces, se acercó a la puerta y llamó. Se abrió al instante por un brillante, afeitado joven, quién le pidió que el entrara.

"I make nothing of it," I answered frankly. "It is a most mysterious business."

"As a rule," said Holmes, "the more bizarre a thing is the less mysterious it proves to be. It is your commonplace, featureless crimes which are really puzzling, just as a commonplace face is the most difficult to identify. But I must be prompt over this matter."

"What are you going to do, then?" I asked.

"To smoke," he answered. "It is quite a three pipe problem, and I beg that you won't speak to me for fifty minutes." He curled himself up in his chair, with his thin knees drawn up to his hawk-like nose, and there he sat with his eyes closed and his black clay pipe thrusting out like the bill of some strange bird. I had come to the conclusion that he had dropped asleep, and indeed was nodding myself, when he suddenly sprang out of his chair with the gesture of a man who has made up his mind and put his pipe down upon the mantelpiece.

"Sarasate plays at the St. James's Hall this afternoon," he remarked. "What do you think, Watson? Could your patients spare you for a few hours?"

"I have nothing to do to-day. My practice is never very absorbing."

"Then put on your hat and come. I am going through the City first, and we can have some lunch on the way. I observe that there is a good deal of German music on the programme, which is rather more to my taste than Italian or French. It is introspective, and I want to introspect. Come along!"

We travelled by the Underground as far as Aldersgate; and a short walk took us to Saxe-Coburg Square, the scene of the singular story which we had listened to in the morning. It was a poky, little, shabby-genteel place, where four lines of dingy two-storied brick houses looked out into a small railed-in enclosure, where a lawn of weedy grass and a few clumps of faded laurel-bushes made a hard fight against a smoke-laden and uncongenial atmosphere. Three gilt balls and a brown board with "JABEZ WILSON" in white letters, upon a corner house, announced the place where our red-headed client carried on his business. Sherlock Holmes stopped in front of it with his head on one side and looked it all over, with his eyes shining brightly between puckered lids. Then he walked slowly up the street, and then down again to the corner, still looking keenly at the houses. Finally he returned to the pawnbroker's, and, having thumped vigorously upon the pavement with his stick two or three times, he went up to the door and knocked. It was instantly opened by a bright-looking, clean-shaven young fellow, who asked him to step in.

—Gracias—dijo Holmes, —Sólo quería preguntarte cómo te iría de aquí al Strand.

—Derecho Tercero, cuarto izquierda —contestó el ayudante rápidamente, cerrando la puerta.

—Compañero inteligente, que —observó Holmes mientras nos alejábamos. —Él es, a mi juicio, el hombre más inteligente cuarto en Londres, y por atreverse no estoy seguro de que él no tiene derecho a ser tercero. He sabido algo de él antes.

—Evidentemente —me dijo, —cuenta el ayudante del señor Wilson una buena oferta en este misterio de la Liga de los Pelirrojos. Estoy seguro de que usted preguntó el camino únicamente con el fin de que usted puede verlo.

—No es él.

—¿Qué, pues?

—Las rodillas de sus pantalones.

¿Y qué ves?

—Lo que yo esperaba ver.

—¿Por qué golpearon el pavimento?

—Mi querido doctor, este es un momento para la observación, no para hablar. Estamos espías en territorio enemigo. Sabemos algo de Saxe-Coburg Square. Exploremos ahora las partes que se encuentran detrás de ella.

El camino en el que nos encontramos como se dio la vuelta de la esquina de la Plaza de los jubilados de Sajonia-Coburgo presenta como un gran contraste con lo que el frente de una imagen hace a la parte posterior. Fue una de las arterias principales que transmite el tráfico de la ciudad hacia el norte y el oeste. La carretera estaba bloqueada por la corriente inmensa de comercio que fluye en una doble marea hacia dentro y hacia fuera, mientras que los caminos eran negro con el enjambre prisa de los peatones. Era difícil darse cuenta al mirar en la línea de tiendas y locales de negocios señorial que realmente lindaba al otro lado a la plaza y desapareció estancada que acababa de dejar.

—Déjame ver—dijo Holmes, de pie en la esquina y mirando a lo largo de la línea, —me gustaría simplemente para recordar el orden de las casas aquí. Es uno de mis pasatiempos para tener un conocimiento exacto de Londres. Hay Mortimer , el estanco, la tienda de periódicos poco, la sucursal de Coburg del Ciudad and Suburban Banco, el restaurante vegetariano, y depósito de McFarlane transporte de la capacidad. Esto nos lleva a la derecha en el otro bloque. Y ahora, doctor, hemos hecho nuestra ha trabajo, así que es hora de que tengamos un poco de juego. Un sándwich y una taza de café, y luego salir del violín de la tierra, donde todo es dulzura y la delicadeza y armonía, y no hay clientes pelirrojos que nos enfadar con sus enigmas.

Mi amigo era un músico entusiasta, siendo él mismo no sólo un ejecutante muy capaz, pero un compositor de ningún mérito ordinario.

"Thank you," said Holmes, "I only wished to ask you how you would go from here to the Strand."

"Third right, fourth left," answered the assistant promptly, closing the door.

"Smart fellow, that," observed Holmes as we walked away. "He is, in my judgment, the fourth smartest man in London, and for daring I am not sure that he has not a claim to be third. I have known something of him before."

"Evidently," said I, "Mr. Wilson's assistant counts for a good deal in this mystery of the Red-headed League. I am sure that you inquired your way merely in order that you might see him."

"Not him."

"What then?"

"The knees of his trousers."

"And what did you see?"

"What I expected to see."

"Why did you beat the pavement?"

"My dear doctor, this is a time for observation, not for talk. We are spies in an enemy's country. We know something of Saxe-Coburg Square. Let us now explore the parts which lie behind it."

The road in which we found ourselves as we turned round the corner from the retired Saxe-Coburg Square presented as great a contrast to it as the front of a picture does to the back. It was one of the main arteries which conveyed the traffic of the City to the north and west. The roadway was blocked with the immense stream of commerce flowing in a double tide inward and outward, while the footpaths were black with the hurrying swarm of pedestrians. It was difficult to realise as we looked at the line of fine shops and stately business premises that they really abutted on the other side upon the faded and stagnant square which we had just quitted.

"Let me see," said Holmes, standing at the corner and glancing along the line, "I should like just to remember the order of the houses here. It is a hobby of mine to have an exact knowledge of London. There is Mortimer's, the tobacconist, the little newspaper shop, the Coburg branch of the City and Suburban Bank, the Vegetarian Restaurant, and McFarlane's carriage-building depot. That carries us right on to the other block. And now, Doctor, we've done our work, so it's time we had some play. A sandwich and a cup of coffee, and then off to violin-land, where all is sweetness and delicacy and harmony, and there are no red-headed clients to vex us with their conundrums."

My friend was an enthusiastic musician, being himself not only a very capable performer but a composer of no ordinary merit.

Todas las tardes se sentaba en el patio de butacas envuelto en la felicidad más perfecta, agitando suavemente sus dedos largos y delgados al compás de la música, mientras que su suave rostro sonriente y su lánguida, ojos soñadores eran tan diferentes a las de Holmes el sabueso, Holmes el implacable, agudo, ingenioso, listo agente criminal mano, como era posible imaginar. En su carácter singular, la naturaleza dual alternativamente se impuso, y representó a su extrema exactitud y astucia, como ya he pensado muchas veces, la reacción contra el humor poético y contemplativo que de vez en cuando predominaba en él. La oscilación de su naturaleza lo llevó de la languidez extrema a la energía devoradora y, como sabía bien, él nunca fue tan verdaderamente formidable como cuando, durante días y días, se le había repantigado en su sillón en medio de sus improvisaciones y su carta de negro ediciones. Fue entonces cuando los deseos de la persecución de pronto caería sobre él, y que su poder de razonamiento brillante se elevaría al nivel de la intuición, hasta aquellos que no conocían sus métodos miraría con recelo a él como a un hombre cuyos conocimientos no se la de los demás mortales. Cuando lo vi aquella tarde tan envuelto en la música en St. James's Hall sentí que el tiempo malo podría estar llegando a los que se había propuesto para cazar.
-¿Quieres ir a casa, sin duda, doctor-comentó mientras salimos.
-Sí, sería así.
-Y yo tengo otros negocios para hacer que se llevará a algunas horas. Esta compañía en Coburg Square es grave.
-¿Por qué seria?
-Un crimen es considerable en la contemplación. Tengo todas las razones para creer que estaremos a tiempo para detenerlo. Pero hoy sábado en vez de ser una fuente de complicaciones me falta tu ayuda esta noche.
-¿A qué hora?
-Diez será lo suficientemente temprano.
-Estaré en Baker Street a las diez.
-Muy bien. Y, digo, doctor, no puede ser un poco peligro, por lo que la amabilidad de poner su revólver del ejército en el bolsillo. - Agitó la mano, dio media vuelta y desapareció en un instante entre la multitud.
Confío en que no soy más denso que mis vecinos, pero yo estaba oprimido siempre con un sentido de mi propia estupidez en mi trato con Sherlock Holmes. Aquí había oído lo que había oído, había visto lo que había visto, y sin embargo de sus palabras era evidente que él veía con claridad no sólo lo que había sucedido, pero lo que iba a suceder, mientras que yo todo el asunto era muy confusas y lo grotesco. Mientras me dirigía a casa a mi casa en Kensington Pensé en todo eso, desde la extraordinaria historia de la fotocopiadora de color rojo-con membrete

All the afternoon he sat in the stalls wrapped in the most perfect happiness, gently waving his long, thin fingers in time to the music, while his gently smiling face and his languid, dreamy eyes were as unlike those of Holmes the sleuth-hound, Holmes the relentless, keen-witted, ready-handed criminal agent, as it was possible to conceive. In his singular character the dual nature alternately asserted itself, and his extreme exactness and astuteness represented, as I have often thought, the reaction against the poetic and contemplative mood which occasionally predominated in him. The swing of his nature took him from extreme languor to devouring energy; and, as I knew well, he was never so truly formidable as when, for days on end, he had been lounging in his armchair amid his improvisations and his black-letter editions. Then it was that the lust of the chase would suddenly come upon him, and that his brilliant reasoning power would rise to the level of intuition, until those who were unacquainted with his methods would look askance at him as on a man whose knowledge was not that of other mortals. When I saw him that afternoon so enwrapped in the music at St. James's Hall I felt that an evil time might be coming upon those whom he had set himself to hunt down.

"You want to go home, no doubt, Doctor," he remarked as we emerged.

"Yes, it would be as well."

"And I have some business to do which will take some hours. This business at Coburg Square is serious."

"Why serious?"

"A considerable crime is in contemplation. I have every reason to believe that we shall be in time to stop it. But to-day being Saturday rather complicates matters. I shall want your help to-night."

"At what time?"

"Ten will be early enough."

"I shall be at Baker Street at ten."

"Very well. And, I say, Doctor, there may be some little danger, so kindly put your army revolver in your pocket." He waved his hand, turned on his heel, and disappeared in an instant among the crowd.

I trust that I am not more dense than my neighbours, but I was always oppressed with a sense of my own stupidity in my dealings with Sherlock Holmes. Here I had heard what he had heard, I had seen what he had seen, and yet from his words it was evident that he saw clearly not only what had happened but what was about to happen, while to me the whole business was still confused and grotesque. As I drove home to my house in Kensington I thought over it all, from the extraordinary story of the red-headed copier

de la -Enciclopedia- hasta la visita a la Plaza de Sajonia-Coburgo, y las ominosas palabras con que se había separado de mí. ¿Qué era esta expedición nocturna, y por qué debo ir armado? ¿Cuando íbamos y qué íbamos a hacer? Tuve la insinuación de que el ayudante de Holmes esta casa de empeños barbilampiño era un hombre formidable; un hombre que podría jugar un juego de profundidad. Traté de descifrar, pero lo abandonó en la desesperación y establecer el tema de lado hasta la noche deben llevar una explicación.

Fue una las nueve y cuarto cuando salí de casa y me dirigí por el parque, y así a través de Calle Oxford a Calle Baker. Dos coches de punto estaban de pie en la puerta, y cuando entré en el pasaje que escuchó el sonido de voces desde arriba. Al entrar en su habitación, me encontré a Holmes en animada conversación con dos hombres, uno de los cuales identifiqué como Peter Jones, agente oficial de la policía, mientras que el otro era un hombre alto, delgado, de cara triste, con un sombrero muy brillante y respetable opresivamente levita.

-¡Ja! Nuestro partido se ha completado -dijo Holmes, abotonarse la chaqueta de un guisante y tomando su látigo de caza pesados de la parrilla. -Watson, ¿creo que conozco al señor Jones, de Scotland Yard? Deja que te presente al señor Merryweather, que va a ser nuestro compañero en esta noche de aventuras.

-Estamos persiguiendo en la pareja una vez más, doctor, usted ve -dijo Jones a su manera consecuente. -Nuestro amigo es un hombre maravilloso para iniciar una persecución. Lo único que quiere es un perro viejo que le ayudara a hacer el desgaste.

-Espero que un ganso silvestre no puede llegar a ser el final de nuestra caza, -observó sombríamente el señor Merryweather.

-Usted puede poner gran confianza en el señor Holmes, señor-dijo el agente de policía con altanería. -Él tiene sus propios métodos poco, que son, si no se me permite decirlo, un poco demasiado teóricos y fantásticos, pero tiene los ingredientes de un detective en él. No es exagerado decir que una o dos veces, como en el negocio del asesinato Sholto y el tesoro de Agra, ha sido más correcto que la fuerza oficial.

-¡Oh, si usted lo dice, el Sr. Jones, está bien-dijo el desconocido con deferencia. -Sin embargo, confieso que echo de menos mi partida. Se trata del primer sábado por la noche durante siete y veinte años que no he tenido mi partida.

-Creo que va a encontrar -dijo Sherlock Holmes-, que jugarán por una participación mayor a la noche que has hecho todavía, y que el juego será más excitante. Para usted, señor Merryweather, la apuesta se ser unas 30.000 libras, y para usted, Jones, será el hombre a quien usted desea poner tus manos.

of the "Encyclopaedia" down to the visit to Saxe-Coburg Square, and the ominous words with which he had parted from me. What was this nocturnal expedition, and why should I go armed? Where were we going, and what were we to do? I had the hint from Holmes that this smooth-faced pawnbroker's assistant was a formidable man--a man who might play a deep game. I tried to puzzle it out, but gave it up in despair and set the matter aside until night should bring an explanation.

It was a quarter-past nine when I started from home and made my way across the Park, and so through Oxford Street to Baker Street. Two hansoms were standing at the door, and as I entered the passage I heard the sound of voices from above. On entering his room I found Holmes in animated conversation with two men, one of whom I recognised as Peter Jones, the official police agent, while the other was a long, thin, sad-faced man, with a very shiny hat and oppressively respectable frock-coat.

"Ha! Our party is complete," said Holmes, buttoning up his pea-jacket and taking his heavy hunting crop from the rack. "Watson, I think you know Mr. Jones, of Scotland Yard? Let me introduce you to Mr. Merryweather, who is to be our companion in to-night's adventure."

"We're hunting in couples again, Doctor, you see," said Jones in his consequential way. "Our friend here is a wonderful man for starting a chase. All he wants is an old dog to help him to do the running down."

"I hope a wild goose may not prove to be the end of our chase," observed Mr. Merryweather gloomily.

"You may place considerable confidence in Mr. Holmes, sir," said the police agent loftily. "He has his own little methods, which are, if he won't mind my saying so, just a little too theoretical and fantastic, but he has the makings of a detective in him. It is not too much to say that once or twice, as in that business of the Sholto murder and the Agra treasure, he has been more nearly correct than the official force."

"Oh, if you say so, Mr. Jones, it is all right," said the stranger with deference. "Still, I confess that I miss my rubber. It is the first Saturday night for seven-and-twenty years that I have not had my rubber."

"I think you will find," said Sherlock Holmes, "that you will play for a higher stake to-night than you have ever done yet, and that the play will be more exciting. For you, Mr. Merryweather, the stake will be some 30,000 pounds; and for you, Jones, it will be the man upon whom you wish to lay your hands."

—John Clay, el asesino, ladrón, destructor y falsificador. Es un hombre joven, señor Merryweather, pero está a la cabeza de su profesión, y prefiero tener mis pulseras en él que en cualquier criminal de Londres. Es un hombre notable, es joven John arcilla. Su abuelo fue un duque real, y él mismo ha estado en Eton y Oxford. Su cerebro es tan astuto como los dedos, y aunque nos encontramos con señales de él a cada paso, nunca sabemos dónde para encontrar el hombre mismo. Va a romper una cuna en Escocia una semana, y estar recaudando fondos para construir un orfanato en Cornualles la siguiente. He estado en su pista desde hace años y nunca han puesto sus ojos en él todavía.

—Espero que pueda tener el placer de presentarles esta noche. He tenido una o dos vueltas poco también con el señor John Clay, y estoy de acuerdo con usted en que él está a la cabeza de su profesión. Ya es diez, sin embargo, y bastante tiempo que comenzamos. Si dos tomará el primer coche de punto, Watson y yo seguiré en el segundo.

Sherlock Holmes no era muy comunicativo durante el largo viaje y se tumbó en la cabina tarareando las melodías que había escuchado de la tarde. Vibramos a través de un interminable laberinto de calles iluminadas de gas, hasta que salimos a la calle Farrington.

—Estamos cerca de allí ahora —comentó mi amigo. —Este individuo Merryweather es director de un banco, y personalmente interesados en la materia. Lo pensé, así que Jones con nosotros también. No es un mal tipo, aunque a un imbécil absoluto en su profesión. Tiene una virtud positiva. El es tan valiente como un bulldog y tan tenaz como una langosta si él consigue sus garras sobre cualquier persona. Aquí estamos, y están esperando por nosotros.

Habíamos llegado a la misma calle concurrida en la que nos habíamos encontrado en la mañana. Nuestros taxis fueron despedidos, y, siguiendo la orientación del señor Merryweather, pasamos por un pasillo estrecho y por una puerta lateral, que abrió para nosotros. Dentro había un pequeño pasillo, que terminó en una puerta de hierro de gran masa. Esto también se abrió, y condujo por un tramo de escalones de piedra de liquidación, que terminaba en otra formidable puerta. Señor Merryweather se detuvo para encender una linterna, y luego nos condujo por un pasadizo oscuro, con olor a tierra, y así, después de abrir una tercera puerta, en una enorme bóveda o bodega, que se apilaba todo con cajas y cajas grandes.

—No son muy vulnerables desde arriba —comentó Holmes mientras sostenía la linterna y miró a su alrededor.

—Ni desde abajo —dijo el señor Merryweather, golpeando con su bastón en las banderas que bordeaban el suelo. —¡Por qué, Dios mío, suena bastante hueca! —comentó, mirando con sorpresa.

"John Clay, the murderer, thief, smasher, and forger. He's a young man, Mr. Merryweather, but he is at the head of his profession, and I would rather have my bracelets on him than on any criminal in London. He's a remarkable man, is young John Clay. His grandfather was a royal duke, and he himself has been to Eton and Oxford. His brain is as cunning as his fingers, and though we meet signs of him at every turn, we never know where to find the man himself. He'll crack a crib in Scotland one week, and be raising money to build an orphanage in Cornwall the next. I've been on his track for years and have never set eyes on him yet."

"I hope that I may have the pleasure of introducing you to-night. I've had one or two little turns also with Mr. John Clay, and I agree with you that he is at the head of his profession. It is past ten, however, and quite time that we started. If you two will take the first hansom, Watson and I will follow in the second."

Sherlock Holmes was not very communicative during the long drive and lay back in the cab humming the tunes which he had heard in the afternoon. We rattled through an endless labyrinth of gas-lit streets until we emerged into Farrington Street.

"We are close there now," my friend remarked. "This fellow Merryweather is a bank director, and personally interested in the matter. I thought it as well to have Jones with us also. He is not a bad fellow, though an absolute imbecile in his profession. He has one positive virtue. He is as brave as a bulldog and as tenacious as a lobster if he gets his claws upon anyone. Here we are, and they are waiting for us."

We had reached the same crowded thoroughfare in which we had found ourselves in the morning. Our cabs were dismissed, and, following the guidance of Mr. Merryweather, we passed down a narrow passage and through a side door, which he opened for us. Within there was a small corridor, which ended in a very massive iron gate. This also was opened, and led down a flight of winding stone steps, which terminated at another formidable gate. Mr. Merryweather stopped to light a lantern, and then conducted us down a dark, earth-smelling passage, and so, after opening a third door, into a huge vault or cellar, which was piled all round with crates and massive boxes.

"You are not very vulnerable from above," Holmes remarked as he held up the lantern and gazed about him.

"Nor from below," said Mr. Merryweather, striking his stick upon the flags which lined the floor. "Why, dear me, it sounds quite hollow!" he remarked, looking up in surprise.

—¡La verdad es que pedirle que ser un poco más tranquila! —dijo Holmes severamente. —Ya has peligro todo el éxito de nuestra expedición. ¿Puedo pedir que usted tenga la bondad de sentarse en alguna de esas cajas, y no interferir?

El solemne señor Merryweather se posó en una jaula comenzó, con una expresión muy herido en su rostro, mientras Holmes cayó de rodillas en el suelo y, con la linterna y una lupa, para examinar minuciosamente las grietas entre las piedras. Unos segundos bastaron para satisfacerlo, porque él se puso de pie otra vez y dejó el vaso en el bolsillo.

—Tenemos por lo menos una hora antes que nosotros —comentó, —porque ellos casi no puede dar ningún paso hasta que el prestamista es una buena forma segura en la cama. Entonces no van a perder un minuto, para que cuanto antes hagan su trabajo el tiempo más largo que tendrá para su huida. Estamos en la actualidad, el doctor - como sin duda usted ha adivinado - en el sótano de la sucursal de la ciudad de uno de los principales bancos de Londres. señor Merryweather es el presidente de directores, y él se explican a usted que hay razones por los criminales más audaces de Londres debe tener un interés considerable en esta bodega en la actualidad.

—Es nuestro oro francés —susurró el director. —Hemos tenido varias advertencias de que un intento podría ser realizados sobre él.

—¿Vuestro oro francés?

—Sí. Hemos tenido la oportunidad hace unos meses para reforzar nuestros recursos y pidió prestado a tal fin napoleones 30.000 del Banco de Francia. Se ha sabido que nunca hemos tenido ocasión de desempaquetar el dinero, y que sigue mintiendo en nuestra bodega. La caja en la que me siento contiene 2.000 napoleones embalada entre capas de láminas de plomo. Nuestra reserva de oro es mucho más grande en la actualidad que usualmente es mantenido a una sola sucursal, y los directores han tenido dudas sobre el tema.

—¿Cuáles fueron muy bien justificada —observó Holmes. Y ahora es hora de que nos las arreglamos nuestros pequeños planes. Espero que dentro de una materia hora se llega a un punto crítico. Mientras tanto, señor Merryweather, debemos colocar la pantalla sobre ese linterna sorda.

—¿Y se sientan en la oscuridad?

—Me temo que sí. Yo había traído una baraja de cartas en el bolsillo, y pensé que, como éramos un Carrée partie, es probable que la goma después de todo. Pero veo que los preparativos del enemigo han ido tan lejos que no podemos arriesgarnos a la presencia de una luz. Y, en primer lugar, debemos elegir nuestras posiciones. Se trata de hombres audaces, y aunque las tendrá en desventaja, nos pueden hacer algún daño a menos que seamos cuidadosos.

"I must really ask you to be a little more quiet!" said Holmes severely. "You have already imperilled the whole success of our expedition. Might I beg that you would have the goodness to sit down upon one of those boxes, and not to interfere?"

The solemn Mr. Merryweather perched himself upon a crate, with a very injured expression upon his face, while Holmes fell upon his knees upon the floor and, with the lantern and a magnifying lens, began to examine minutely the cracks between the stones. A few seconds sufficed to satisfy him, for he sprang to his feet again and put his glass in his pocket.

"We have at least an hour before us," he remarked, "for they can hardly take any steps until the good pawnbroker is safely in bed. Then they will not lose a minute, for the sooner they do their work the longer time they will have for their escape. We are at present, Doctor--as no doubt you have divined--in the cellar of the City branch of one of the principal London banks. Mr. Merryweather is the chairman of directors, and he will explain to you that there are reasons why the more daring criminals of London should take a considerable interest in this cellar at present."

"It is our French gold," whispered the director. "We have had several warnings that an attempt might be made upon it."

"Your French gold?"

"Yes. We had occasion some months ago to strengthen our resources and borrowed for that purpose 30,000 napoleons from the Bank of France. It has become known that we have never had occasion to unpack the money, and that it is still lying in our cellar. The crate upon which I sit contains 2,000 napoleons packed between layers of lead foil. Our reserve of bullion is much larger at present than is usually kept in a single branch office, and the directors have had misgivings upon the subject."

"Which were very well justified," observed Holmes. "And now it is time that we arranged our little plans. I expect that within an hour matters will come to a head. In the meantime Mr. Merryweather, we must put the screen over that dark lantern."

"And sit in the dark?"

"I am afraid so. I had brought a pack of cards in my pocket, and I thought that, as we were a partie carrée, you might have your rubber after all. But I see that the enemy's preparations have gone so far that we cannot risk the presence of a light. And, first of all, we must choose our positions. These are daring men, and though we shall take them at a disadvantage, they may do us some harm unless we are careful.

Voy a respaldar esta caja, y no te escondas detrás de los mismos. Entonces, cuando un flash de luz sobre ellos, cerca de rapidez. Si el fuego, Watson, no tienen reparo en disparar hacia abajo.

Coloqué mi revólver, amartillado, en la parte superior de la caja de madera detrás de la cual me agaché. Holmes le disparó al deslizarse a través de la parte delantera de su linterna y nos dejó en la oscuridad; por ejemplo una oscuridad absoluta, ya que nunca antes han experimentado. El olor a metal caliente se mantuvo para asegurarnos de que la luz seguía ahí, listos para flashear a cabo en cualquier momento. Para mí, con mis nervios trabajado hasta un tono de esperanza, había algo deprimente y someter en la oscuridad repentina, y en el aire frío húmedo de la bóveda.

-Sólo tienen una retirada -susurró Holmes. -Eso está de vuelta por la casa en la Plaza de Sajonia-Coburgo. ¿Espero que usted ha hecho lo que te pedí, Jones?

-Tengo un inspector y dos oficiales de espera en la puerta principal.

-Luego nos han dejado todos los agujeros. Y ahora tenemos que estar en silencio y esperar.

¡Lo que una vez que parecía! De las notas comparando después no fue más que una hora y cuarto, pero me pareció que la noche debe haber casi desaparecido y el alba se romper por encima de nosotros. Mi cuerpo estaba cansado y rígido, pues temía que cambiar mi posición, sin embargo, mis nervios se trabajaron hasta el más alto grado de tensión, y mi oído era tan agudo que no sólo podía oír la suave respiración de mis compañeros, pero no pude distinguir el más profundo, más pesado en el aliento de la voluminosa Jones de la nota fina, con un suspiro del director del banco. Desde mi posición podía mirar por encima el caso en el sentido de la palabra. De pronto, mis ojos captaron el destello de una luz.

Al principio no era más que una chispa espeluznantes sobre el pavimento de piedra. Luego se alargó hasta convertirse en una línea amarilla, y luego, sin ninguna advertencia o un sonido, una herida parecía abrirse y apareció una mano, una mano blanca, casi femenino, que sentía acerca de en el centro del área pequeña de la luz. Durante un minuto o más a mano, con sus dedos retorcidos, salía fuera del piso. Luego se retiró tan repentinamente como había aparecido, y todo estaba oscuro de nuevo guardar los espeluznantes sola chispa que marcó una grieta entre las piedras.

Su desaparición, sin embargo, no era más que momentánea. Con un sonido desgarrador, lagrimeo, uno de los grandes, piedras blancas entregado a su lado y dejó un agujero cuadrado, y se abrían, a través del cual escuchados a la luz de una linterna. Sobre el borde se asomaba un corte limpio, cara de niño, que miró atentamente al respecto y,

I shall stand behind this crate, and do you conceal yourselves behind those. Then, when I flash a light upon them, close in swiftly. If they fire, Watson, have no compunction about shooting them down."

I placed my revolver, cocked, upon the top of the wooden case behind which I crouched. Holmes shot the slide across the front of his lantern and left us in pitch darkness--such an absolute darkness as I have never before experienced. The smell of hot metal remained to assure us that the light was still there, ready to flash out at a moment's notice. To me, with my nerves worked up to a pitch of expectancy, there was something depressing and subduing in the sudden gloom, and in the cold dank air of the vault.

"They have but one retreat," whispered Holmes. "That is back through the house into Saxe-Coburg Square. I hope that you have done what I asked you, Jones?"

"I have an inspector and two officers waiting at the front door."

"Then we have stopped all the holes. And now we must be silent and wait."

What a time it seemed! From comparing notes afterwards it was but an hour and a quarter, yet it appeared to me that the night must have almost gone and the dawn be breaking above us. My limbs were weary and stiff, for I feared to change my position; yet my nerves were worked up to the highest pitch of tension, and my hearing was so acute that I could not only hear the gentle breathing of my companions, but I could distinguish the deeper, heavier in-breath of the bulky Jones from the thin, sighing note of the bank director. From my position I could look over the case in the direction of the floor. Suddenly my eyes caught the glint of a light.

At first it was but a lurid spark upon the stone pavement. Then it lengthened out until it became a yellow line, and then, without any warning or sound, a gash seemed to open and a hand appeared, a white, almost womanly hand, which felt about in the centre of the little area of light. For a minute or more the hand, with its writhing fingers, protruded out of the floor. Then it was withdrawn as suddenly as it appeared, and all was dark again save the single lurid spark which marked a chink between the stones.

Its disappearance, however, was but momentary. With a rending, tearing sound, one of the broad, white stones turned over upon its side and left a square, gaping hole, through which streamed the light of a lantern. Over the edge there peeped a clean-cut, boyish face, which looked keenly about it,

y entonces, con una mano en cada lado de la abertura, se señala en hombros y cintura alta, hasta que una de sus rodillas descansaba sobre el borde. En un instante se puso de pie al lado del agujero y fue arrastrando tras él un compañero, ágil y pequeño como él, con cara pálida y una mata de pelo muy rojo.

-Está todo claro -susurró. -¿Tienes el formón y las bolsas? ¡Dios mio; Salta, Archie, salta, y voy a colgar por ello!

Sherlock Holmes había brotado y se apoderaron de al intruso por el cuello. El otro se zambulló en el agujero, y oí el sonido desgarrador de tela como Jones se aferró a sus faldas. La luz brilló sobre el cañón de un revólver, pero la cosecha de Holmes se abatió sobre la caza la muñeca del hombre, y la pistola tintineaban en el suelo de piedra.

-Es inútil, John Clay -dijo Holmes suavemente.

-Ustedes no tienen ninguna oportunidad en absoluto.

-Ya lo veo -respondió el otro con la mayor frialdad.

-Me imagino que mi compañero está bien, aunque veo que tienes faldones de la levita.

-Hay tres hombres que lo esperaban en la puerta -dijo Holmes.

-¡Ay, de verdad! Usted parece haber hecho lo mismo por completo. Tengo que felicitar.

-Y yo a ti -respondió Holmes. -Su idea pelirrojo era muy nuevo y eficaz.

-Vas a ver a su amigo de nuevo en la actualidad -dijo Jones. -Él es más rápido en bajar por los agujeros que yo. Sólo tienes que pulsar a cabo mientras arreglo los derbis.

-Le ruego que no me toque con las manos sucias -comentó nuestro prisionero como las esposas ruidosamente torno a sus muñecas. -Puede no ser consciente de que tengo sangre real en mis venas. Tenga la bondad, también, cuando me dirección de siempre a decir 'señor' y 'por favor'-.

-Está bien -dijo Jones con una mirada y una risita.

-Bueno, ¿podría, señor, arriba de marzo, donde se puede conseguir un taxi para llevar a su alteza a la comisaría?

-Eso es mejor -dijo John Clay serenamente-. Él hizo una profunda reverencia a los tres y caminó en silencio fuera de la custodia de los detectives.

-De verdad, señor Holmes -dijo el señor Merryweather mientras los seguía de la bodega,-No sé cómo el banco puede darle las gracias o pagar usted. No hay duda de que han detectado y derrotado de la manera más completa uno de los intentos más decididos en el atraco a un banco que se habían planteado dentro de mi experiencia.

-He tenido una o dos resultados poco de mi propia que saldar con el señor John Clay -dijo Holmes.

and then, with a hand on either side of the aperture, drew itself shoulder-high and waist-high, until one knee rested upon the edge. In another instant he stood at the side of the hole and was hauling after him a companion, lithe and small like himself, with a pale face and a shock of very red hair.

"It's all clear," he whispered. "Have you the chisel and the bags? Great Scott! Jump, Archie, jump, and I'll swing for it!"

Sherlock Holmes had sprung out and seized the intruder by the collar. The other dived down the hole, and I heard the sound of rending cloth as Jones clutched at his skirts. The light flashed upon the barrel of a revolver, but Holmes' hunting crop came down on the man's wrist, and the pistol clinked upon the stone floor.

"It's no use, John Clay," said Holmes blandly. "You have no chance at all."

"So I see," the other answered with the utmost coolness. "I fancy that my pal is all right, though I see you have got his coat-tails."

"There are three men waiting for him at the door," said Holmes.

"Oh, indeed! You seem to have done the thing very completely. I must compliment you."

"And I you," Holmes answered. "Your red-headed idea was very new and effective."

"You'll see your pal again presently," said Jones. "He's quicker at climbing down holes than I am. Just hold out while I fix the derbies."

"I beg that you will not touch me with your filthy hands," remarked our prisoner as the handcuffs clattered upon his wrists. "You may not be aware that I have royal blood in my veins. Have the goodness, also, when you address me always to say 'sir' and 'please.'"

"All right," said Jones with a stare and a snigger. "Well, would you please, sir, march upstairs, where we can get a cab to carry your Highness to the police-station?"

"That is better," said John Clay serenely. He made a sweeping bow to the three of us and walked quietly off in the custody of the detective.

"Really, Mr. Holmes," said Mr. Merryweather as we followed them from the cellar, "I do not know how the bank can thank you or repay you. There is no doubt that you have detected and defeated in the most complete manner one of the most determined attempts at bank robbery that have ever come within my experience."

"I have had one or two little scores of my own to settle with Mr. John Clay," said Holmes.

-He estado en algún pequeño gasto en esta materia, que voy a esperar que el banco a la devolución, pero más allá de que estoy ampliamente recompensado por haber tenido una experiencia que es única en muchos sentidos, y al escuchar la narración muy notable de la Red encabezados por la liga.

-Usted ve, Watson -explicó en las primeras horas de la mañana cuando nos sentamos en un vaso de whisky con soda en Baker Street-, era obvio desde el principio que el único objeto posible de este negocio en lugar de la fantástica anuncio de la Liga, y la copia de la -Enciclopedia-, debe ser la casa de empeños que esta no excesivamente brillante fuera del camino para un número de horas todos los días. Era una manera curiosa de su gestión, pero, realmente, sería difícil sugerir una mejor. El método fue sin duda sugiere a la mente ingeniosa de Clay por el color del pelo de su cómplice. El 4 libras a la semana era un señuelo que debe atraerlo, y lo que a ellos, ¿que estaban jugando para miles? Ponen en el anuncio, un pícaro tiene la oficina temporal, el pícaro otros incita al hombre a solicitarla, y juntos se las arreglan para garantizar su ausencia todas las mañanas en la semana. Desde el momento en que me enteré de que el asistente vienen por un salario medio, era obvio para mí que él tenía un motivo fuerte para asegurar la situación.

-Pero ¿cómo has podido adivinar cuál fue el motivo?

-Si la mujer no ha estado en la casa, yo debería haber sospechado una intriga vulgar. Que, sin embargo, estaba fuera de discusión. Comercial del hombre era una pequeña, y no había nada en su casa que podrían explicar estos complicados preparativos , y como un gasto, ya que estaban en. Es preciso, entonces, ser algo fuera de la casa. ¿Qué podría ser? Pensé en la afición de la ayudante de fotografía, y su truco de desaparecer en la bodega. ¡La bodega! Había al final de esta pista enredado. Entonces se informó más sobre este asistente misterioso y encontró que tenía que hacer frente a uno de los criminales más fresco y más atrevidos en Londres. Él estaba haciendo algo en el sótano - algo que tuvo muchas horas al día durante meses. ¿Qué podría ser, una vez más? se me ocurría nada, salvo que estaba ejecutando un túnel a otro tipo de construcción.

-Hasta ahora me había llegado cuando fuimos a visitar el escenario de la acción. Te sorprendió luchando sobre el pavimento con el bastón. Estaba determinar si el sótano estiradas al frente o detrás. No fue por delante. Entonces llamé a la campana, y, como esperaba, el asistente le contestó. Hemos tenido algunas escaramuzas, pero nunca había puesto los ojos el uno del otro antes. apenas miró a la cara. Sus rodillas eran lo que yo deseaba ver. Tú mismo debes han observado cómo usar, arrugada y manchada que eran.

"I have been at some small expense over this matter, which I shall expect the bank to refund, but beyond that I am amply repaid by having had an experience which is in many ways unique, and by hearing the very remarkable narrative of the Red-headed League."

"You see, Watson," he explained in the early hours of the morning as we sat over a glass of whisky and soda in Baker Street, "it was perfectly obvious from the first that the only possible object of this rather fantastic business of the advertisement of the League, and the copying of the 'Encyclopaedia,' must be to get this not over-bright pawnbroker out of the way for a number of hours every day. It was a curious way of managing it, but, really, it would be difficult to suggest a better. The method was no doubt suggested to Clay's ingenious mind by the colour of his accomplice's hair. The 4 pounds a week was a lure which must draw him, and what was it to them, who were playing for thousands? They put in the advertisement, one rogue has the temporary office, the other rogue incites the man to apply for it, and together they manage to secure his absence every morning in the week. From the time that I heard of the assistant having come for half wages, it was obvious to me that he had some strong motive for securing the situation."

"But how could you guess what the motive was?"

"Had there been women in the house, I should have suspected a mere vulgar intrigue. That, however, was out of the question. The man's business was a small one, and there was nothing in his house which could account for such elaborate preparations, and such an expenditure as they were at. It must, then, be something out of the house. What could it be? I thought of the assistant's fondness for photography, and his trick of vanishing into the cellar. The cellar! There was the end of this tangled clue. Then I made inquiries as to this mysterious assistant and found that I had to deal with one of the coolest and most daring criminals in London. He was doing something in the cellar--something which took many hours a day for months on end. What could it be, once more? I could think of nothing save that he was running a tunnel to some other building.

"So far I had got when we went to visit the scene of action. I surprised you by beating upon the pavement with my stick. I was ascertaining whether the cellar stretched out in front or behind. It was not in front. Then I rang the bell, and, as I hoped, the assistant answered it. We have had some skirmishes, but we had never set eyes upon each other before. I hardly looked at his face. His knees were what I wished to see. You must yourself have remarked how worn, wrinkled, and stained they were.

-Hablaban de esas horas de cavar. El punto restante sólo era lo que se madriguera para. Caminé alrededor de la esquina, vio el City and Suburban Bank lindaba en los locales de nuestro amigo, y sentí que había resuelto mi problema. Cuando regresé a casa después del concierto me instó a Scotland Yard y al presidente de los directores del banco, con el resultado que usted ha visto.

-¿Y cómo podría decirle que harían su intento de esta noche? -Le pregunté.

-Bueno, cuando cerraron sus oficinas de la liga que fue una señal de que ya no les importaba sobre la presencia de señor Jabez Wilson; en otras palabras, que habían terminado su túnel. Pero era esencial que se debe utilizar en breve, ya que no se puede descubrir o lingotes de la se podría eliminar. Sábado se adaptaría mejor que cualquier otro día, ya que les daría dos días para escapar. Por todas estas razones que yo esperaba que vinieran esta noche.

-Lo bonito razonado -exclamé con admiración no fingida.

-Es tan larga la cadena, y sin embargo todos los eslabones suena a verdad.

-Me salvó del aburrimiento -respondió, bostezando.

-¡Ay, ya me siento que de cierre sobre mí. Mi vida transcurre en un largo esfuerzo por escapar de los lugares comunes de la existencia. Estos pequeños problemas que me ayude a hacerlo.

-Y usted es un benefactor de la carrera -dijo.

Se encogió de hombros.

-Bueno, tal vez, después de todo, es de alguna utilidad poco -comentó.

-L'homme c'est rien; c'est tout l'oeuvre -como Gustave Flaubert escribió a George Sand.

They spoke of those hours of burrowing. The only remaining point was what they were burrowing for. I walked round the corner, saw the City and Suburban Bank abutted on our friend's premises, and felt that I had solved my problem. When you drove home after the concert I called upon Scotland Yard and upon the chairman of the bank directors, with the result that you have seen."

"And how could you tell that they would make their attempt to-night?" I asked.

"Well, when they closed their League offices that was a sign that they cared no longer about Mr. Jabez Wilson's presence--in other words, that they had completed their tunnel. But it was essential that they should use it soon, as it might be discovered, or the bullion might be removed. Saturday would suit them better than any other day, as it would give them two days for their escape. For all these reasons I expected them to come to-night."

"You reasoned it out beautifully," I exclaimed in unfeigned admiration. "It is so long a chain, and yet every link rings true."

"It saved me from ennui," he answered, yawning. "Alas! I already feel it closing in upon me. My life is spent in one long effort to escape from the commonplaces of existence. These little problems help me to do so."

"And you are a benefactor of the race," said I.

He shrugged his shoulders. "Well, perhaps, after all, it is of some little use," he remarked. "'L'homme c'est rien--l'oeuvre c'est tout,' as Gustave Flaubert wrote to George Sand."

Aventura III. Un Caso de la Identidad

-Mi querido amigo-dijo Sherlock Holmes mientras permanecíamos sentados a cada lado del fuego en sus aposentos de Baker Street, -la vida es infinitamente más extraña que cualquier cosa que la mente humana pudiera inventar. No nos atreveríamos a concebir las cosas que son lugares comunes muy simple de la existencia. Si pudiéramos salir volando de esa mano ventana en la mano, se ciernen sobre esta gran ciudad, retire con cuidado los tejados y espiar en las cosas raras que la están pasando, las extrañas coincidencias, las planificaciones, propósitos diferentes, las cadenas de acontecimientos maravillosos, a través de generaciones, y que conducen a los resultados más outré, tendría toda la ficción con sus convencionalismos y las conclusiones previstas más rancio y poco rentable.

-Y sin embargo, no estoy convencido de ello -respondí.

-Los casos que salen a la luz en los periódicos son, por regla general, calvo suficiente, y vulgar suficiente. Tenemos en nuestro realismo informes de la policía llevado hasta sus límites extremos, y sin embargo el resultado es, hay que confesar, ni fascinante, ni artístico.

Adventure III. A Case of Identity

"My dear fellow," said Sherlock Holmes as we sat on either side of the fire in his lodgings at Baker Street, "life is infinitely stranger than anything which the mind of man could invent. We would not dare to conceive the things which are really mere commonplaces of existence. If we could fly out of that window hand in hand, hover over this great city, gently remove the roofs, and peep in at the queer things which are going on, the strange coincidences, the plannings, the cross-purposes, the wonderful chains of events, working through generations, and leading to the most outré results, it would make all fiction with its conventionalities and foreseen conclusions most stale and unprofitable."

"And yet I am not convinced of it," I answered. "The cases which come to light in the papers are, as a rule, bald enough, and vulgar enough. We have in our police reports realism pushed to its extreme limits, and yet the result is, it must be confessed, neither fascinating nor artistic."

-Una cierta selección y discreción debe ser utilizado en la producción de un efecto realista -comentó Holmes.

-Esta falta en el informe policial, en el que se puso más tensión, tal vez, a los lugares comunes del magistrado que en los detalles, que para un observador contienen la esencia vital de todo el asunto. Cuente con eso, no hay nada tan antinatural como el lugar común.
Yo sonreí y moví la cabeza. -Lo comprendo perfectamente su forma de pensar así. -Le dije. -Por supuesto, en su posición de consejero no oficial y ayudante para todo el mundo que es absolutamente desconcertado, a lo largo de tres continentes, que se ponen en contacto con todo lo que es extraño y bizarro. Pero aquí -Cogí el periódico de la mañana desde el suelo-, Deja que lo someterá a una prueba práctica. Aquí está el primer título en el que yo venga.

«Crueldad de un marido a su mujer» Hay media columna de impresión, pero sé que no leyeron que es de sobra conocidas para mí. Hay, por supuesto, la otra mujer, la bebida, el empuje, el golpe, la contusión, la hermana simpática o patrona . El más cruel de los escritores podían inventar nada más crudo.

-De hecho, su ejemplo es un un desafortunado para su argumentación -dijo Holmes, tomando el papel y mirando sus ojos por ella. -Este es el caso de separación Dundas, y, como suele suceder, estaba comprometido en el esclarecimiento de algunos puntos pequeños en relación con ella. El marido era abstemio, no había otra mujer, y la conducta era que él había derivado en el hábito de la liquidación de cada comida, tomando en la dentadura postiza y lanzándolos contra su esposa, que le permitirá, no es una acción que pueda ocurrir a la imaginación de la historia medio-cajero. Tome una pizca de tabaco, Doctor, y reconozco que he anotado más de usted en su ejemplo.

Le tendió la caja de rapé de oro viejo, con una gran amatista en el centro de la tapa. Su esplendor se contrasta tanto con sus maneras y la vida familiar simple que no podía dejar de comentar sobre ella.

-Ah-dijo-, se me olvidó que yo no había visto durante algunas semanas. Es un pequeño recuerdo del rey de Bohemia a cambio de mi ayuda en el caso de los documentos de Irene Adler.

-¿Y el anillo? -Pregunté, mirando a un brillante notable que brillaba en el dedo.

-Era de la familia real de Holanda, aunque el asunto en el que les servía era de tal delicadeza que no puedo confiar ni siquiera a usted, que han tenido la bondad de la crónica de una o dos de mis pequeños problemas.

-¿Y tiene usted alguna a la mano en este momento? -Le pregunté con interés.

"A certain selection and discretion must be used in producing a realistic effect," remarked Holmes. "This is wanting in the police report, where more stress is laid, perhaps, upon the platitudes of the magistrate than upon the details, which to an observer contain the vital essence of the whole matter. Depend upon it, there is nothing so unnatural as the commonplace."

I smiled and shook my head. "I can quite understand your thinking so." I said. "Of course, in your position of unofficial adviser and helper to everybody who is absolutely puzzled, throughout three continents, you are brought in contact with all that is strange and bizarre. But here"--I picked up the morning paper from the ground--"let us put it to a practical test. Here is the first heading upon which I come. 'A husband's cruelty to his wife.' There is half a column of print, but I know without reading it that it is all perfectly familiar to me. There is, of course, the other woman, the drink, the push, the blow, the bruise, the sympathetic sister or landlady. The crudest of writers could invent nothing more crude."

"Indeed, your example is an unfortunate one for your argument," said Holmes, taking the paper and glancing his eye down it. "This is the Dundas separation case, and, as it happens, I was engaged in clearing up some small points in connection with it. The husband was a teetotaler, there was no other woman, and the conduct complained of was that he had drifted into the habit of winding up every meal by taking out his false teeth and hurling them at his wife, which, you will allow, is not an action likely to occur to the imagination of the average story-teller. Take a pinch of snuff, Doctor, and acknowledge that I have scored over you in your example."

He held out his snuffbox of old gold, with a great amethyst in the centre of the lid. Its splendour was in such contrast to his homely ways and simple life that I could not help commenting upon it.

"Ah," said he, "I forgot that I had not seen you for some weeks. It is a little souvenir from the King of Bohemia in return for my assistance in the case of the Irene Adler papers."

"And the ring?" I asked, glancing at a remarkable brilliant which sparkled upon his finger.

"It was from the reigning family of Holland, though the matter in which I served them was of such delicacy that I cannot confide it even to you, who have been good enough to chronicle one or two of my little problems."

"And have you any on hand just now?" I asked with interest.

-Unos diez o doce, pero ninguno que presentan alguna característica de interés. Son importantes, a entender, sin ser interesante. De hecho, he descubierto que es por lo general en cuestiones poco importantes que hay un campo para la observación, y para el rápido análisis de causa y efecto que da el encanto a una investigación. Los crímenes más grandes tienden a ser más simple, para el más grande es el crimen más obvio, por regla general, es el motivo. En estos casos, salvo para los más intrincados un que ha sido referido a mí a partir de Marsella, no hay nada que presenta alguna característica de interés. Es posible, sin embargo, que yo pueda tener algo mejor antes de muchos minutos han terminado, porque éste es uno de los mis clientes, o soy yo muy equivocado.

Se había levantado de su silla y estaba de pie entre las cortinas se separaron mirando hacia abajo en la calle de Londres opaco color neutro. Mirando por encima del hombro, vi que en la acera de enfrente había una mujer grande con una boa de piel alrededor de su cuello pesada, y una pluma rizos grandes de color rojo con un sombrero de ala ancha que se inclina a una duquesa de Devonshire coqueta de la moda por encima de su oreja. Por debajo de esta panoplia bien que se asomaba en forma nerviosa, dudando en nuestras ventanas, mientras su cuerpo oscilaba hacia atrás y hacia adelante, y sus dedos se agitaban con los botones de su guante. De repente, con una caída, a partir del nadador que sale del banco, se apresuró a través del camino, y oímos el sonido metálico agudo de la campana.

-He visto los síntomas antes -dijo Holmes, tirando su cigarrillo al fuego. -Oscilación sobre el pavimento siempre significa un affaire de coeur. A ella le gustaría asesorar, pero no está seguro de que el asunto no es demasiado delicada para la comunicación. Y, sin embargo incluso aquí podemos discriminar. Cuando una mujer se ha visto seriamente perjudicada por un hombre al que no oscila más, y el síntoma habitual es un cable de campana rota. Aquí se puede considerar que no es una cuestión de amor, pero que la doncella no es tanto enojado como perplejo, o afligido. Pero aquí viene ella en persona para resolver nuestros dudas.

Mientras hablaba, se produjo un golpe en la puerta, y el niño entró en los botones de anunciar la señorita Mary Sutherland, mientras que la señora se asomaba detrás de su figura pequeña y negro como un completo navegaron los comerciantes hombre detrás de una pequeña embarcación del práctico. Sherlock Holmes la acogió con la cortesía fácil para el que fue notable, y, habiendo cerrado la puerta y bajó la en un sillón, él la miró por encima en el minuto y sin embargo, abstraída de moda que le era peculiar.

-¿No le parece -dijo-, que con su miopía es un poco tratando de hacer mucho escribir a máquina?

"Some ten or twelve, but none which present any feature of interest. They are important, you understand, without being interesting. Indeed, I have found that it is usually in unimportant matters that there is a field for the observation, and for the quick analysis of cause and effect which gives the charm to an investigation. The larger crimes are apt to be the simpler, for the bigger the crime the more obvious, as a rule, is the motive. In these cases, save for one rather intricate matter which has been referred to me from Marseilles, there is nothing which presents any features of interest. It is possible, however, that I may have something better before very many minutes are over, for this is one of my clients, or I am much mistaken."

He had risen from his chair and was standing between the parted blinds gazing down into the dull neutral-tinted London street. Looking over his shoulder, I saw that on the pavement opposite there stood a large woman with a heavy fur boa round her neck, and a large curling red feather in a broad-brimmed hat which was tilted in a coquettish Duchess of Devonshire fashion over her ear. From under this great panoply she peeped up in a nervous, hesitating fashion at our windows, while her body oscillated backward and forward, and her fingers fidgeted with her glove buttons. Suddenly, with a plunge, as of the swimmer who leaves the bank, she hurried across the road, and we heard the sharp clang of the bell.

"I have seen those symptoms before," said Holmes, throwing his cigarette into the fire. "Oscillation upon the pavement always means an affaire de coeur. She would like advice, but is not sure that the matter is not too delicate for communication. And yet even here we may discriminate. When a woman has been seriously wronged by a man she no longer oscillates, and the usual symptom is a broken bell wire. Here we may take it that there is a love matter, but that the maiden is not so much angry as perplexed, or grieved. But here she comes in person to resolve our doubts."

As he spoke there was a tap at the door, and the boy in buttons entered to announce Miss Mary Sutherland, while the lady herself loomed behind his small black figure like a full-sailed merchant-man behind a tiny pilot boat. Sherlock Holmes welcomed her with the easy courtesy for which he was remarkable, and, having closed the door and bowed her into an armchair, he looked her over in the minute and yet abstracted fashion which was peculiar to him.

"Do you not find," he said, "that with your short sight it is a little trying to do so much typewriting?"

-Lo hice al principio -respondió ella-, pero ahora sé dónde están las letras sin mirar.

Entonces, dándose cuenta el significado de sus palabras, dio un violento sobresalto y miró hacia arriba, con miedo y asombro en su rostro amplio, de buen humor.

-Usted ha oído hablar de mí, señor Holmes-exclamó-, otra cosa ¿cómo puede usted saber todo eso?

-No importa-dijo Holmes, riendo-, es mi negocio a conocer las cosas. Tal vez yo mismo he formado, para ver lo que otros pasan por alto. Si no, ¿por qué vienes a consultarme?

-Vine a usted, señor, porque me habló de usted la señora Etherege, cuyo marido se encuentra tan fácil cuando la policía y todo el mundo le había dado por muerto. ¡Oh, señor Holmes, me gustaría que lo mismo por mí. Yo no soy rico, pero todavía tengo cien libras al año por derecho propio, además de lo poco que puedo hacer por la máquina, y yo daría todo para saber qué ha sido del señor Hosmer Angel.

-¿Por qué has venido lejos a consultarme con tantas prisas? -preguntó Sherlock Holmes, con su punta de los dedos juntos y los ojos al techo.

Una vez más una expresión de sorpresa se apoderó de la cara un tanto vacía de la señorita Mary Sutherland.

-Sí, lo hice bang de la casa -dijo ella-, porque me hizo enojar para ver la facilidad con que el señor Windibank; es decir, mi padre, se lo llevó todo. No quiso ir a la policía, y él no iría a ti, y así por fin, como iba a hacer nada y seguía diciendo que no había daño, me hizo loco, y yo con mis cosas y entró de inmediato para usted.

-Tu padre-dijo Holmes-, su padrastro, sin duda, ya que el nombre es diferente.

-Sí, mi padrastro. Yo lo llamo padre, aunque suene gracioso, también, porque está a sólo cinco años y dos meses mayor que yo.

-¿Y su madre está viva?

-Oh, sí, la madre está viva y bien. Yo no estaba contento mejor, señor Holmes, cuando ella se casó de nuevo tan pronto después de la muerte del padre, y un hombre que fue casi quince años más joven que ella. El padre era fontanero en la Calle de Tottenham, y dejó un negocio ordenado a sus espaldas, que la madre de proseguirse con el señor Hardy, el capataz, pero cuando el señor Windibank le hizo vender el negocio, porque era muy superior, por ser un viajero en los vinos. Tienen £ 4700 por la buena voluntad e interés, que no estaba cerca tanto como el padre podría haber obtenido si hubiera estado vivo.

Yo esperaba ver a Sherlock Holmes en esta impaciente senderismo y la narrativa intrascendente, pero, por el contrario, había escuchado con la mayor concentración de la atención.

"I did at first," she answered, "but now I know where the letters are without looking." Then, suddenly realising the full purport of his words, she gave a violent start and looked up, with fear and astonishment upon her broad, good-humoured face. "You've heard about me, Mr. Holmes," she cried, "else how could you know all that?"

"Never mind," said Holmes, laughing; "it is my business to know things. Perhaps I have trained myself to see what others overlook. If not, why should you come to consult me?"

"I came to you, sir, because I heard of you from Mrs. Etherege, whose husband you found so easy when the police and everyone had given him up for dead. Oh, Mr. Holmes, I wish you would do as much for me. I'm not rich, but still I have a hundred a year in my own right, besides the little that I make by the machine, and I would give it all to know what has become of Mr. Hosmer Angel."

"Why did you come away to consult me in such a hurry?" asked Sherlock Holmes, with his finger-tips together and his eyes to the ceiling.

Again a startled look came over the somewhat vacuous face of Miss Mary Sutherland. "Yes, I did bang out of the house," she said, "for it made me angry to see the easy way in which Mr. Windibank--that is, my father--took it all. He would not go to the police, and he would not go to you, and so at last, as he would do nothing and kept on saying that there was no harm done, it made me mad, and I just on with my things and came right away to you."

"Your father," said Holmes, "your stepfather, surely, since the name is different."

"Yes, my stepfather. I call him father, though it sounds funny, too, for he is only five years and two months older than myself."

"And your mother is alive?"

"Oh, yes, mother is alive and well. I wasn't best pleased, Mr. Holmes, when she married again so soon after father's death, and a man who was nearly fifteen years younger than herself. Father was a plumber in the Tottenham Court Road, and he left a tidy business behind him, which mother carried on with Mr. Hardy, the foreman; but when Mr. Windibank came he made her sell the business, for he was very superior, being a traveller in wines. They got 4700 pounds for the goodwill and interest, which wasn't near as much as father could have got if he had been alive."

I had expected to see Sherlock Holmes impatient under this rambling and inconsequential narrative, but, on the contrary, he had listened with the greatest concentration of attention.

-El ingreso de su propia pequeña -preguntó-, ¿Sale de la empresa?
-Oh, no, señor. Es muy independiente y me dejó mi tío Ned en Auckland. Es en Nueva Zelanda acciones, pagando 4 1/2 por ciento. Dos mil quinientas libras fue la cantidad, pero sólo puedo tocar el interés.
-Usted me interesan extremadamente -dijo Holmes. -Y puesto que usted dibuja tan grande como una suma de cien al año, con lo que gana en el trato, que sin duda viajar un poco y luego sumérjase en todos los sentidos. Yo creo que una mujer sola puede subir muy bien a un ingreso de alrededor de 60 libras.
-Yo podría hacer con mucho menos que eso, señor Holmes, pero entiendo que como en toda mi vida en casa no quiero ser una carga para ellos, y así que tienen el uso del dinero sólo mientras estoy quedarse con ellos. Por supuesto, eso no ha hecho más por el momento. Señor Windibank atrae mi interés cada trimestre y se paga más a la madre, y me parece que puedo hacer bastante bien con lo que gano en mecanografía. Me trae dos peniques una hoja, y yo a menudo puede hacer quince-veinte hojas en un día.
-Usted ha hecho su posición muy clara para mí -dijo Holmes. -Este es mi amigo el doctor Watson, ante el cual usted puede hablar con tanta libertad como ante mí mismo. Amablemente nos dicen ahora todo sobre su relación con el señor Hosmer Angel.
El rubor se apoderó del rostro de la señorita Sutherland, y ella tomó nerviosamente el borde de su chaqueta. -Lo conocí en el baile del gasfitters -dijo. -Se utiliza para enviar entradas padre cuando estaba vivo, y luego después se acordó de nosotros, y los envió a la madre. Señor Windibank no nos quieren ir. Nunca nos quiso ir a ninguna parte. Se ponía muy loco si Yo quería tanto como para unirse a un tratamiento de escuela dominical. Pero esta vez tenía la idea de ir, y me voy quiso, ¿qué derecho tenía él para evitarlo? Dijo que la gente no eran aptos para nosotros saber, cuando todo padre amigos iban a estar allí. Y él dijo que no tenía nada en condiciones de llevar, cuando tuve a mi morada de peluche que tenía nunca tanto como sacado del cajón. Al fin, cuando nada más que hacer, se fue a Francia a la actividad de la empresa, pero nos fuimos, la madre y yo, con el señor Hardy, quien solía ser nuestro capataz, y fue allí donde me encontré con el señor Hosmer Angel.
-Supongo-dijo Holmes-, que cuando el señor Windibank regresó de Francia, que estaba muy molesto por su haber ido a la pelota.
-Oh, bueno, él era muy bueno en ello. Se rió, me acuerdo, y se encogió de hombros, y dijo que era inútil negar nada a una mujer, porque ella tendría a su manera.

"Your own little income," he asked, "does it come out of the business?"

"Oh, no, sir. It is quite separate and was left me by my uncle Ned in Auckland. It is in New Zealand stock, paying 4 1/2 per cent. Two thousand five hundred pounds was the amount, but I can only touch the interest."

"You interest me extremely," said Holmes. "And since you draw so large a sum as a hundred a year, with what you earn into the bargain, you no doubt travel a little and indulge yourself in every way. I believe that a single lady can get on very nicely upon an income of about 60 pounds."

"I could do with much less than that, Mr. Holmes, but you understand that as long as I live at home I don't wish to be a burden to them, and so they have the use of the money just while I am staying with them. Of course, that is only just for the time. Mr. Windibank draws my interest every quarter and pays it over to mother, and I find that I can do pretty well with what I earn at typewriting. It brings me twopence a sheet, and I can often do from fifteen to twenty sheets in a day."

"You have made your position very clear to me," said Holmes. "This is my friend, Dr. Watson, before whom you can speak as freely as before myself. Kindly tell us now all about your connection with Mr. Hosmer Angel."

A flush stole over Miss Sutherland's face, and she picked nervously at the fringe of her jacket. "I met him first at the gasfitters' ball," she said. "They used to send father tickets when he was alive, and then afterwards they remembered us, and sent them to mother. Mr. Windibank did not wish us to go. He never did wish us to go anywhere. He would get quite mad if I wanted so much as to join a Sunday-school treat. But this time I was set on going, and I would go; for what right had he to prevent? He said the folk were not fit for us to know, when all father's friends were to be there. And he said that I had nothing fit to wear, when I had my purple plush that I had never so much as taken out of the drawer. At last, when nothing else would do, he went off to France upon the business of the firm, but we went, mother and I, with Mr. Hardy, who used to be our foreman, and it was there I met Mr. Hosmer Angel."

"I suppose," said Holmes, "that when Mr. Windibank came back from France he was very annoyed at your having gone to the ball."

"Oh, well, he was very good about it. He laughed, I remember, and shrugged his shoulders, and said there was no use denying anything to a woman, for she would have her way."

-Ya veo. Luego en el baile del gasfitters te conocí, a mi entender, a este señor, el señor Hosmer Angel.

-Sí, señor. Lo conocí esa noche, y llamó al día siguiente para preguntar si habíamos llegar a casa sano y salvo, y después de esto lo encontramos; es decir, señor Holmes, me encontré con él dos veces para pasear, pero después de que el padre volvió de nuevo, y el señor Hosmer Angel no pudo llegar a la casa más.

-¿No?-

-Bueno, usted sabe padre no le gustaba nada por el estilo. No tendría ningún visitantes si podía evitarlo, y solía decir que una mujer debe ser feliz en su propio círculo familiar. Pero entonces, como yo solía decir a su madre, una mujer quiere que su propio círculo, para empezar, y yo tengo la mía no había todavía.

-Pero, ¿y el señor Hosmer Angel? ¿Acaso no tratan a verte?

-Bueno, el padre se iba a Francia de nuevo en una semana, y Hosmer escribió y dijo que sería más seguro y mejor no ver entre sí hasta que se había ido. Podríamos escribir en el ínterin, y que solía escribir todos los días . Tomé las letras de la mañana, así que no había necesidad de que el padre de saber.

-¿Estaba usted comprometido con el caballero en este momento?

-Oh, sí, señor Holmes. Estábamos contratado después de la primera caminata que tomamos. Hosmer, Sr. Ángel; era cajero en una oficina de Calle Leadenhall, y--

-¿Qué oficina?-

-Eso es lo peor de todo, señor Holmes, yo no lo sé.

-¿De dónde vivir, entonces?

-Dormía en los locales.

-¿Y usted no sabe su dirección?

-No-- salvo que era Calle Leadenhall.

-¿De dónde dirigir sus cartas, entonces?

-A la calle Leadenhall oficina de correos, que se dejó hasta pidió. Dijo que si hubieran sido enviados a la oficina estaría burló de todos los otros empleados acerca de letras que tienen de una dama, por lo que se les ofrece máquina de escribir, como si hizo suya, pero él no tendría ese, pues dijo que cuando las escribí que parecía venir de mí, pero cuando fueron escritas a máquina siempre sentía que la máquina se había interpuesto entre nosotros. Eso sólo le mostrará lo mucho que era de mí, señor Holmes, y las pequeñas cosas que iba a ocurrir.

-Fue lo más sugerente -dijo Holmes.

-Desde hace tiempo se un axioma de la mina que las pequeñas cosas son infinitamente más importantes. ¿Puede usted recordar alguna otra cosa poco sobre el señor Hosmer Angel?

"I see. Then at the gasfitters' ball you met, as I understand, a gentleman called Mr. Hosmer Angel."

"Yes, sir. I met him that night, and he called next day to ask if we had got home all safe, and after that we met him--that is to say, Mr. Holmes, I met him twice for walks, but after that father came back again, and Mr. Hosmer Angel could not come to the house any more."

"No?"

"Well, you know father didn't like anything of the sort. He wouldn't have any visitors if he could help it, and he used to say that a woman should be happy in her own family circle. But then, as I used to say to mother, a woman wants her own circle to begin with, and I had not got mine yet."

"But how about Mr. Hosmer Angel? Did he make no attempt to see you?"

"Well, father was going off to France again in a week, and Hosmer wrote and said that it would be safer and better not to see each other until he had gone. We could write in the meantime, and he used to write every day. I took the letters in in the morning, so there was no need for father to know."

"Were you engaged to the gentleman at this time?"

"Oh, yes, Mr. Holmes. We were engaged after the first walk that we took. Hosmer--Mr. Angel--was a cashier in an office in Leadenhall Street--and--"

"What office?"

"That's the worst of it, Mr. Holmes, I don't know."

"Where did he live, then?"

"He slept on the premises."

"And you don't know his address?"

"No--except that it was Leadenhall Street."

"Where did you address your letters, then?"

"To the Leadenhall Street Post Office, to be left till called for. He said that if they were sent to the office he would be chaffed by all the other clerks about having letters from a lady, so I offered to typewrite them, like he did his, but he wouldn't have that, for he said that when I wrote them they seemed to come from me, but when they were typewritten he always felt that the machine had come between us. That will just show you how fond he was of me, Mr. Holmes, and the little things that he would think of."

"It was most suggestive," said Holmes. "It has long been an axiom of mine that the little things are infinitely the most important. Can you remember any other little things about Mr. Hosmer Angel?"

-Era un hombre muy tímido, señor Holmes. Prefiere caminar conmigo por la noche que en la luz del día, pues dijo que odiaba a ser visible. Muy retraído y caballeroso que era. Hasta su voz era suave. Él hubiera tenido la amigdalitis y glándulas inflamadas cuando él era joven, me dijo, y le había dejado con la garganta débil y una vacilación, la moda susurro de voz. Siempre estaba bien vestido, muy pulcro y sencillo, pero sus ojos eran débiles, al igual que los míos son, y llevaba gafas oscuras contra el deslumbramiento.

-Bueno, y lo que sucedió cuando el señor Windibank, su padrastro, ¿regresó a Francia?

-El señor Hosmer Angel vino a la casa de nuevo y nos propuso que se casan antes de padre regresó. Fue terrible en serio y me hizo jurar, con las manos en el Nuevo Testamento, que pasara lo que pasara siempre sería fiel a él. Madre dijo que estaba bien en mantener mi juramento, y que era una señal de su pasión. Madre era todo a su favor desde el principio, sino que era más aficionado a él que yo. Entonces, cuando hablaban de casarse dentro de la semana, Empecé a preguntar sobre el padre, pero que ninguno de los dos, dijo a la mente sobre el padre, pero sólo para decirle después, y la madre dijo que iba a hacerlo todo bien con él. No me gusta bastante eso, señor Holmes. Parecía gracioso que me pida su licencia, ya que sólo tenía unos pocos años mayor que yo, pero yo no quería hacer nada a escondidas, así que escribí al padre en Burdeos, donde la compañía tiene sus oficinas de Francia, pero el carta me llegó a mí en la misma mañana de la boda.

-¿Se le echaba de menos, entonces?

-Sí, señor, porque él había comenzado a Inglaterra justo antes de su llegada.

-¡Ah! Que fue desafortunado. Su boda se organizó, entonces, para el viernes. ¿Iba a ser en la iglesia?

-Sí, señor, pero en voz muy baja. Iba a ser en San Salvador, cerca de «King's Cross», y fuimos a desayunar después en el hotel St. Pancras. Hosmer vino para nosotros en un coche de punto, pero como había dos de nos puso a los dos en ella y salió él mismo en un coche de cuatro ruedas, que resultó ser el único otro taxi en la calle. Llegamos a la primera iglesia, y cuando el coche de cuatro ruedas que hicieron subir lo esperaba para salir , pero nunca lo hizo, ¡y cuando el cochero se bajó de la caja y miró que no había nadie allí! El cochero dijo que no podía imaginar qué habría sido de él, porque le había visto entrar con sus propios ojos. Que fue el viernes pasado, señor Holmes, y nunca he visto ni oído nada desde entonces para arrojar alguna luz sobre qué fue de él.

-Me parece que usted ha sido muy vergonzosamente tratados -dijo Holmes.

"He was a very shy man, Mr. Holmes. He would rather walk with me in the evening than in the daylight, for he said that he hated to be conspicuous. Very retiring and gentlemanly he was. Even his voice was gentle. He'd had the quinsy and swollen glands when he was young, he told me, and it had left him with a weak throat, and a hesitating, whispering fashion of speech. He was always well dressed, very neat and plain, but his eyes were weak, just as mine are, and he wore tinted glasses against the glare."

"Well, and what happened when Mr. Windibank, your stepfather, returned to France?"

"Mr. Hosmer Angel came to the house again and proposed that we should marry before father came back. He was in dreadful earnest and made me swear, with my hands on the Testament, that whatever happened I would always be true to him. Mother said he was quite right to make me swear, and that it was a sign of his passion. Mother was all in his favour from the first and was even fonder of him than I was. Then, when they talked of marrying within the week, I began to ask about father; but they both said never to mind about father, but just to tell him afterwards, and mother said she would make it all right with him. I didn't quite like that, Mr. Holmes. It seemed funny that I should ask his leave, as he was only a few years older than me; but I didn't want to do anything on the sly, so I wrote to father at Bordeaux, where the company has its French offices, but the letter came back to me on the very morning of the wedding."

"It missed him, then?"

"Yes, sir; for he had started to England just before it arrived."

"Ha! that was unfortunate. Your wedding was arranged, then, for the Friday. Was it to be in church?"

"Yes, sir, but very quietly. It was to be at St. Saviour's, near King's Cross, and we were to have breakfast afterwards at the St. Pancras Hotel. Hosmer came for us in a hansom, but as there were two of us he put us both into it and stepped himself into a four-wheeler, which happened to be the only other cab in the street. We got to the church first, and when the four-wheeler drove up we waited for him to step out, but he never did, and when the cabman got down from the box and looked there was no one there! The cabman said that he could not imagine what had become of him, for he had seen him get in with his own eyes. That was last Friday, Mr. Holmes, and I have never seen or heard anything since then to throw any light upon what became of him."

"It seems to me that you have been very shamefully treated," said Holmes.

—¡Ay, no, señor! Era demasiado bueno y amable de dejarme así. ¿Por qué, durante toda la mañana que estaba diciendo a mí que, pasara lo que pasara, yo iba a ser cierto, y que incluso si algo muy imprevisto nos separe , siempre he sido de recordar que yo estaba comprometido a él, y que iba a reclamar su promesa tarde o temprano. Parecía extraño hablar de una boda por la mañana, pero lo que ha sucedido desde que le da un sentido a la misma.
—Por supuesto que sí. ¿Su opinión es, entonces, que alguna catástrofe imprevista le ha ocurrido?
—Sí, señor. Creo que él previó algún peligro, o de lo contrario no habría hablado así. Y entonces creo que lo que él preveía que pasó.
—¿Pero no tienes idea de lo que podría haber sido?-
—Ninguno-.
—Una pregunta más. ¿Cómo fue su madre llevar el asunto?
—Ella se enojó, y dijo que nunca iba a hablar del asunto otra vez.
—¿Y tu padre? ¿Se lo dijiste él?
—Sí, y parecía pensar, conmigo, que algo había sucedido, y que debía oír hablar de Hosmer de nuevo. Como él dijo, ¿qué interés podía tener cualquier persona en traerme a las puertas de la iglesia, y luego me dejó? Ahora bien, si le había prestado mi dinero, o si me había casado y tengo mi dinero se establecieron en él, podría haber alguna razón, pero Hosmer era muy independiente sobre el dinero y nunca miraría a un chelín mío. ¿Y, sin embargo, lo que podría haber sucedido? ¿Y por qué no podía escribir? Oh, me vuelve medio loco de pensar en ella, y no puedo pegar ojo por la noche-. Sacó un pañuelo de su manguito y comenzó a sollozar en gran medida en él.
—Voy a simple vista en el caso para usted-dijo Holmes, levantándose-, y no tengo ninguna duda de que vamos a llegar a algún resultado concreto. Deje que el peso del resto importa a mí ahora, y no deje que su mente habitan en ella más. Por encima de todo, trate de dejar que el señor Hosmer Angel desaparecer de la memoria, como lo ha hecho de su vida.
—¿Entonces no creo que lo volveré a ver?
—Temo que no.
—Entonces, ¿qué le ha sucedido?
—Saldrá a esa pregunta en mis manos. Me gustaría una descripción precisa de él y todas las cartas suyas que le sobran.
—Me anuncian para él en la Crónica del sábado pasado -ella dijo. -Aquí está el recibo y he aquí cuatro cartas de él.
—Gracias. ¿Y su dirección?
—No. 31 Lyon Place, Camberwell.
—La dirección del señor Ángel que nunca tuvo, lo entiendo. ¿Dónde está el lugar de tu padre de los negocios?

"Oh, no, sir! He was too good and kind to leave me so. Why, all the morning he was saying to me that, whatever happened, I was to be true; and that even if something quite unforeseen occurred to separate us, I was always to remember that I was pledged to him, and that he would claim his pledge sooner or later. It seemed strange talk for a wedding-morning, but what has happened since gives a meaning to it."

"Most certainly it does. Your own opinion is, then, that some unforeseen catastrophe has occurred to him?"

"Yes, sir. I believe that he foresaw some danger, or else he would not have talked so. And then I think that what he foresaw happened."

"But you have no notion as to what it could have been?"

"None."

"One more question. How did your mother take the matter?"

"She was angry, and said that I was never to speak of the matter again."

"And your father? Did you tell him?"

"Yes; and he seemed to think, with me, that something had happened, and that I should hear of Hosmer again. As he said, what interest could anyone have in bringing me to the doors of the church, and then leaving me? Now, if he had borrowed my money, or if he had married me and got my money settled on him, there might be some reason, but Hosmer was very independent about money and never would look at a shilling of mine. And yet, what could have happened? And why could he not write? Oh, it drives me half-mad to think of it, and I can't sleep a wink at night." She pulled a little handkerchief out of her muff and began to sob heavily into it.

"I shall glance into the case for you," said Holmes, rising, "and I have no doubt that we shall reach some definite result. Let the weight of the matter rest upon me now, and do not let your mind dwell upon it further. Above all, try to let Mr. Hosmer Angel vanish from your memory, as he has done from your life."

"Then you don't think I'll see him again?"

"I fear not."

"Then what has happened to him?"

"You will leave that question in my hands. I should like an accurate description of him and any letters of his which you can spare."

"I advertised for him in last Saturday's Chronicle," said she. "Here is the slip and here are four letters from him."

"Thank you. And your address?"

"No. 31 Lyon Place, Camberwell."

"Mr. Angel's address you never had, I understand. Where is your father's place of business?"

-Viaja para Westhouse y Marbank, a los importadores de clarete gran Fenchurch Street.

-Muchas gracias. Usted ha hecho su declaración muy clara. Saldrá los periódicos de aquí, y recuerda el consejo que os he dado. Deje que todo el incidente como un libro sellado, y no permita que afecte a su vida.

-Es usted muy amable, señor Holmes, pero no puedo hacer eso. Voy a ser fiel a Hosmer. Él se me encuentre preparado cuando vuelva.

Para todos el sombrero ridículo y el rostro vacío de contenido, había algo noble en la fe sencilla de nuestros visitantes que obligó a nuestro respeto. Ella puso su pequeño paquete de documentos sobre la mesa y siguió su camino, con la promesa de venir de nuevo cada vez que ella podría ser convocado.

Sherlock Holmes se sentó en silencio durante unos minutos con los dedos aún juntas, las piernas estiradas hacia fuera delante de él, y su mirada dirigida hacia arriba hasta el techo. Luego tomó del estante la vieja y aceitosa pipa de arcilla, que era a él como un consejero, y, después de lo encendió, se recostó en su silla, con la espesa nube de color azul-coronas girando de él, y buscar una de languidez infinita en su rostro.

-Todo un interesante estudio, que de soltera -observó.

-La encontré más interesante que su pequeño problema, que, por cierto, es más bien un lugar común una. Encontrará otros casos similares, si usted consulta mi índice, en Andover en el 77, y había algo de eso en La Haya el pasado año. antiguo como es la idea, sin embargo, hubo uno o dos detalles que eran nuevos para mí. Pero la doncella se fue muy instructiva.

-Usted parece una lectura bastante sobre ella, que era casi invisible para mí -comenté.

-No es invisible pero inadvertido, Watson. Usted no sabía dónde mirar, y así se perdió todo lo que era importante. Yo nunca pueden traer a cuenta de la importancia de las mangas, la sugestión de las uñas del pulgar, o los grandes temas que pueden cuelgan de un cordón de arranque. Ahora, ¿qué nos recogeré de aparición de esa mujer? Describa la misma.

-Bueno, ella tenía un color pizarra, sombrero de ala ancha de paja, con una pluma de un rojo brickish. Su chaqueta era negro, negro con perlas cosidas sobre ella, y una franja de pequeños adornos de color negro azabache. Su vestido era de color marrón, lugar más oscuro que el color café, con un peluche pequeño de color morado en el cuello y las mangas. Sus guantes eran grisáceas y fueron usados por el índice derecho. Sus botas, no pude observar. Había pequeños, redondos colgantes pendientes de oro, y un general aire de próspera y un vulgar, cómodo y tranquila.

"He travels for Westhouse & Marbank, the great claret importers of Fenchurch Street."

"Thank you. You have made your statement very clearly. You will leave the papers here, and remember the advice which I have given you. Let the whole incident be a sealed book, and do not allow it to affect your life."

"You are very kind, Mr. Holmes, but I cannot do that. I shall be true to Hosmer. He shall find me ready when he comes back."

For all the preposterous hat and the vacuous face, there was something noble in the simple faith of our visitor which compelled our respect. She laid her little bundle of papers upon the table and went her way, with a promise to come again whenever she might be summoned.

Sherlock Holmes sat silent for a few minutes with his fingertips still pressed together, his legs stretched out in front of him, and his gaze directed upward to the ceiling. Then he took down from the rack the old and oily clay pipe, which was to him as a counsellor, and, having lit it, he leaned back in his chair, with the thick blue cloud-wreaths spinning up from him, and a look of infinite languor in his face.

"Quite an interesting study, that maiden," he observed. "I found her more interesting than her little problem, which, by the way, is rather a trite one. You will find parallel cases, if you consult my index, in Andover in '77, and there was something of the sort at The Hague last year. Old as is the idea, however, there were one or two details which were new to me. But the maiden herself was most instructive."

"You appeared to read a good deal upon her which was quite invisible to me," I remarked.

"Not invisible but unnoticed, Watson. You did not know where to look, and so you missed all that was important. I can never bring you to realise the importance of sleeves, the suggestiveness of thumb-nails, or the great issues that may hang from a boot-lace. Now, what did you gather from that woman's appearance? Describe it."

"Well, she had a slate-coloured, broad-brimmed straw hat, with a feather of a brickish red. Her jacket was black, with black beads sewn upon it, and a fringe of little black jet ornaments. Her dress was brown, rather darker than coffee colour, with a little purple plush at the neck and sleeves. Her gloves were greyish and were worn through at the right forefinger. Her boots I didn't observe. She had small round, hanging gold earrings, and a general air of being fairly well-to-do in a vulgar, comfortable, easy-going way."

Sherlock Holmes aplaudió suavemente juntos y se rió entre dientes.

-Pon mi palabra, Watson, usted viene a lo largo de maravilla. Has hecho realmente muy bien. Es cierto que usted ha perdido todo lo importante, pero ha dado usted con el método, y tiene un ojo rápido para el color. Nunca te fíes de las impresiones generales, muchacho, pero usted concentrarse en los detalles. Mi primera impresión, es siempre en la manga de una mujer. En un hombre tal vez sea mejor primero en tomar la rodilla del pantalón. Como se observa, esta mujer había felpa a las mangas, que es un material más útil para mostrar las trazas. La doble línea un poco más arriba de la muñeca, donde las prensas typewritist contra la mesa, se definió maravillosamente. La máquina de coser, del tipo de cambio, deja una marca similar, pero sólo en el brazo izquierdo, y en el lado de él más alejado del pulgar, en vez de ser en toda la parte más ancha, ya que éste era. Luego miró a la cara, y, observando la fuerza de unas gafas a cada lado de la nariz, me aventuré una observación sobre la miopía y de máquina, que parecía darle una sorpresa.

-Me sorprendió.

-Pero, sin duda, era evidente. Yo era entonces muy sorprendido e interesado al mirar hacia abajo para observar que, a pesar de las botas que llevaba no eran diferentes entre sí, fueron los realmente extraño; el que tiene un poco decoradas dedo del pie- gorra, y el otro una llanura una. Uno de ellos fue abrochada sólo en los dos botones inferiores de cada cinco, y el otro en el primero, tercero y quinto. Ahora, cuando usted ve que un joven, bien vestido de otra manera, ha venido fuera de casa con botas impar, abotonado a medias, no es la deducción que decir que se desprendió en una prisa.

-¿Y qué más? -Le pregunté, vivamente interesado, como siempre fue, por un razonamiento incisiva de mi amigo.

-He tomado nota, de paso, que había escrito una nota antes de salir de casa, pero después de haber sido completamente vestido. Usted observó que el guante derecho se rompió en el índice, pero no parecía ver que tanto el dedo de guante y se tiñeron con tinta violeta . Ella había escrito a toda prisa y bajó su pluma muy profundo. Debe haber sido esta mañana, o la marca no se quedaran en claro en el dedo. Todo esto es divertido, aunque algo elemental, pero tengo que volver a los negocios, Watson . ¿Le importaría leerme la descripción publicidad del señor Hosmer Angel?

Yo tenía la pequeña hoja impresa a la luz.

«Perdido» -le dijo-, «en la mañana del catorce, un caballero llamado Hosmer Angel. Cerca de cinco pies siete pulgadas de altura, fornido, de tez cetrina, cabello negro, un poco calvo en el centro, tupidas, negro las patillas y el bigote, gafas oscuras, la enfermedad ligera de expresión. vestía, cuando vio por última vez, en negro

Sherlock Holmes clapped his hands softly together and chuckled.

"'Pon my word, Watson, you are coming along wonderfully. You have really done very well indeed. It is true that you have missed everything of importance, but you have hit upon the method, and you have a quick eye for colour. Never trust to general impressions, my boy, but concentrate yourself upon details. My first glance is always at a woman's sleeve. In a man it is perhaps better first to take the knee of the trouser. As you observe, this woman had plush upon her sleeves, which is a most useful material for showing traces. The double line a little above the wrist, where the typewritist presses against the table, was beautifully defined. The sewing-machine, of the hand type, leaves a similar mark, but only on the left arm, and on the side of it farthest from the thumb, instead of being right across the broadest part, as this was. I then glanced at her face, and, observing the dint of a pince-nez at either side of her nose, I ventured a remark upon short sight and typewriting, which seemed to surprise her."

"It surprised me."

"But, surely, it was obvious. I was then much surprised and interested on glancing down to observe that, though the boots which she was wearing were not unlike each other, they were really odd ones; the one having a slightly decorated toe-cap, and the other a plain one. One was buttoned only in the two lower buttons out of five, and the other at the first, third, and fifth. Now, when you see that a young lady, otherwise neatly dressed, has come away from home with odd boots, half-buttoned, it is no great deduction to say that she came away in a hurry."

"And what else?" I asked, keenly interested, as I always was, by my friend's incisive reasoning.

"I noted, in passing, that she had written a note before leaving home but after being fully dressed. You observed that her right glove was torn at the forefinger, but you did not apparently see that both glove and finger were stained with violet ink. She had written in a hurry and dipped her pen too deep. It must have been this morning, or the mark would not remain clear upon the finger. All this is amusing, though rather elementary, but I must go back to business, Watson. Would you mind reading me the advertised description of Mr. Hosmer Angel?"

I held the little printed slip to the light.

"Missing," it said, "on the morning of the fourteenth, a gentleman named Hosmer Angel. About five ft. seven in. in height; strongly built, sallow complexion, black hair, a little bald in the centre, bushy, black side-whiskers and moustache; tinted glasses, slight infirmity of speech. Was dressed, when last seen, in black

levita ante la seda, chaleco negro, cadena de oro Albert,
y pantalones grises de lana Harris, con polainas marrones
más elásticos botas. Se sabe que se han empleado en una
oficina en la calle Leadenhall. Cualquiera llevar»--
-Está bien -dijo Holmes. -En cuanto a las letras
-continuó, mirando por encima de ellos-, son muy comunes.
Absolutamente ninguna pista en ellos al Sr. Angel, salvo
que cita a Balzac una vez. Hay un punto notable, sin
embargo, que sin duda la huelga usted.
-Ellos están escritos a máquina -comenté.
-No sólo eso, sino que es la firma escrita a máquina.
Mira lo poco aseado- Hosmer Angel 'en la parte inferior.
No hay una fecha, usted ve, pero no sobrescrito excepto
Leadenhall Street, que es bastante vaga. El punto sobre la
firma es muy sugerente - de hecho, podemos llamarla
concluyente.
-¿De qué?
-Mi querido amigo, ¿es posible que no se ve la fuerza
con que lleva sobre el caso?
-No puedo decir que me haces, si no fuera que deseaba
ser capaz de negar su firma si una demanda por
incumplimiento de la promesa de la instancia.
-No, eso no era el punto. Sin embargo, voy a escribir
dos cartas, que debería resolver el asunto. Una de ellas
es una empresa en la Ciudad, el otro es el padrastro de la
joven, el señor Windibank, pidiéndole si podía reunirse
con nosotros aquí en seis mañana por la noche. Es igual de
bien que debemos hacer negocios con los familiares
varones. Y ahora, doctor, no podemos hacer nada hasta que
las respuestas a estas cartas vienen, así que podemos
poner nuestro pequeño problema a la plataforma para la
provisional.
Yo había tenido tantas razones para creer en los
poderes sutiles de mi amigo de razonamiento y energía
extraordinaria en la acción que yo sentía que él debe
tener alguna base sólida para la conducta segura y fácil
con la que trataba el misterio singular, que había sido
llamado a comprender. Sólo una vez si yo hubiese sabido
que fracase, en el caso del rey de Bohemia y de la
fotografía de Irene Adler, pero cuando miré hacia atrás
con el negocio de la extraña Signo de los Cuatro, y las
circunstancias extraordinarias relacionadas con el Estudio
en escarlata, Sentí que sería una maraña muy extrañas que
no podía descifrar.
Lo dejé entonces, todavía chupando su pipa de barro
negro, con la convicción de que cuando vine de nuevo en la
noche siguiente, encontré que tenía en sus manos todas las
pistas que conducen a la identidad del novio de la
señorita desapareciendo Mary Sutherland.
Un caso profesional de extrema gravedad fue la
participación de mi propia atención en su momento, y todo
el día siguiente yo estaba ocupado en la cabecera de la
víctima.

frock-coat faced with silk, black waistcoat, gold Albert chain, and grey Harris tweed trousers, with brown gaiters over elastic-sided boots. Known to have been employed in an office in Leadenhall Street. Anybody bringing--"

"That will do," said Holmes. "As to the letters," he continued, glancing over them, "they are very commonplace. Absolutely no clue in them to Mr. Angel, save that he quotes Balzac once. There is one remarkable point, however, which will no doubt strike you."

"They are typewritten," I remarked.

"Not only that, but the signature is typewritten. Look at the neat little 'Hosmer Angel' at the bottom. There is a date, you see, but no superscription except Leadenhall Street, which is rather vague. The point about the signature is very suggestive --in fact, we may call it conclusive."

"Of what?"

"My dear fellow, is it possible you do not see how strongly it bears upon the case?"

"I cannot say that I do unless it were that he wished to be able to deny his signature if an action for breach of promise were instituted."

"No, that was not the point. However, I shall write two letters, which should settle the matter. One is to a firm in the City, the other is to the young lady's stepfather, Mr. Windibank, asking him whether he could meet us here at six o'clock tomorrow evening. It is just as well that we should do business with the male relatives. And now, Doctor, we can do nothing until the answers to those letters come, so we may put our little problem upon the shelf for the interim."

I had had so many reasons to believe in my friend's subtle powers of reasoning and extraordinary energy in action that I felt that he must have some solid grounds for the assured and easy demeanour with which he treated the singular mystery which he had been called upon to fathom. Once only had I known him to fail, in the case of the King of Bohemia and of the Irene Adler photograph; but when I looked back to the weird business of the Sign of Four, and the extraordinary circumstances connected with the Study in Scarlet, I felt that it would be a strange tangle indeed which he could not unravel.

I left him then, still puffing at his black clay pipe, with the conviction that when I came again on the next evening I would find that he held in his hands all the clues which would lead up to the identity of the disappearing bridegroom of Miss Mary Sutherland.

A professional case of great gravity was engaging my own attention at the time, and the whole of next day I was busy at the bedside of the sufferer.

No Era cerca de la seis de la mañana que me encontré libre y pude saltar a un coche y conducir hasta Baker Street, medio asustado que podría ser demasiado tarde para asistir al desenlace del pequeño misterio. He encontrado Sherlock Holmes solo, sin embargo, medio dormido, con su forma larga y delgada se acurrucó en los recovecos de su sillón. Un formidable despliegue de botellas y tubos de ensayo, con el acre olor a limpio de ácido clorhídrico, me dijo que él había pasado su día en el trabajo químico que era tan querida para él.

-Bueno, ¿lo han resuelto? -Le pregunté al entrar.

-Sí. Era el bisulfato de barita.

-¡No, no, el misterio! -Lloré.

-¡Ah, eso! Pensé en la sal que he estado trabajando en. Nunca hubo ningún misterio en el asunto, aunque, como dije ayer, algunos de los detalles son de interés. El único inconveniente es que no existe una ley , me temo, que puede tocar el canalla.

-¿Quién era él, entonces, y cuál era su objeto en desertar de la señorita Sutherland?

La pregunta era casi de mi boca y Holmes aún no había abierto la boca para responder, cuando oímos una fuerte pisada en el pasaje y de una llave en la puerta.

-Este es el padrastro de la niña, el Sr. James Windibank -dijo Holmes. -Él me ha escrito para decir que él estaría aquí a las seis. ¡Adelante!

El hombre que entró era un hombre robusto, de tamaño medio, unos treinta años de edad, bien afeitado y de piel cetrina, con una forma suave, insinuante, y un par de maravillosamente lúcido y penetrantes ojos grises. Lanzó una mirada inquisitiva a cada uno de nosotros, puso su brillante sombrero de copa sobre el aparador, y con una ligera inclinación de cabeza se deslizó hacia abajo en la silla más cercana.

-Buenas noches, Sr. James Windibank -dijo Holmes. -Creo que esta carta escrita a máquina es de usted, ¿en el que se concertó una cita conmigo por seis?

-Sí, señor. Me temo que soy un poco tarde, pero no estoy muy dueño de mí mismo, ya sabes. Siento que la señorita Sutherland le ha preocupado de este asunto poco, porque creo que es mucho mejor no ropa de lavado de la especie en público. Era muy contra mi voluntad que ella vino, pero ella es una muy excitable, impulsivo niña, como te habrás dado cuenta, y no es fácil de controlar cuando se ha tomado una decisión sobre una cuestión . Por supuesto, no te importa tanto, ya que no están conectadas con la policía oficial, pero no es agradable tener una desgracia familiar como ésta divulgadas. Además, éste es un gasto inútil, porque ¿cómo puede usted posiblemente encontrar este Hosmer Angel?

It was not until close upon six o'clock that I found myself free and was able to spring into a hansom and drive to Baker Street, half afraid that I might be too late to assist at the dénouement of the little mystery. I found Sherlock Holmes alone, however, half asleep, with his long, thin form curled up in the recesses of his armchair. A formidable array of bottles and test-tubes, with the pungent cleanly smell of hydrochloric acid, told me that he had spent his day in the chemical work which was so dear to him.

"Well, have you solved it?" I asked as I entered.

"Yes. It was the bisulphate of baryta."

"No, no, the mystery!" I cried.

"Oh, that! I thought of the salt that I have been working upon. There was never any mystery in the matter, though, as I said yesterday, some of the details are of interest. The only drawback is that there is no law, I fear, that can touch the scoundrel."

"Who was he, then, and what was his object in deserting Miss Sutherland?"

The question was hardly out of my mouth, and Holmes had not yet opened his lips to reply, when we heard a heavy footfall in the passage and a tap at the door.

"This is the girl's stepfather, Mr. James Windibank," said Holmes. "He has written to me to say that he would be here at six. Come in!"

The man who entered was a sturdy, middle-sized fellow, some thirty years of age, clean-shaven, and sallow-skinned, with a bland, insinuating manner, and a pair of wonderfully sharp and penetrating grey eyes. He shot a questioning glance at each of us, placed his shiny top-hat upon the sideboard, and with a slight bow sidled down into the nearest chair.

"Good-evening, Mr. James Windibank," said Holmes. "I think that this typewritten letter is from you, in which you made an appointment with me for six o'clock?"

"Yes, sir. I am afraid that I am a little late, but I am not quite my own master, you know. I am sorry that Miss Sutherland has troubled you about this little matter, for I think it is far better not to wash linen of the sort in public. It was quite against my wishes that she came, but she is a very excitable, impulsive girl, as you may have noticed, and she is not easily controlled when she has made up her mind on a point. Of course, I did not mind you so much, as you are not connected with the official police, but it is not pleasant to have a family misfortune like this noised abroad. Besides, it is a useless expense, for how could you possibly find this Hosmer Angel?"

"On the contrary," said Holmes quietly; "I have every reason to believe that I will succeed in discovering Mr. Hosmer Angel."

-Al contrario-dijo Holmes en voz baja: -Tengo todas las razones para creer que tendré éxito en descubrir el señor Hosmer Angel-.
El señor Windibank estremeció violentamente y dejó caer sus guantes. -Estoy muy contento de saberlo -dijo.
-Es algo curioso -comentó Holmes-, que una máquina de escribir tiene realmente que la individualidad, como escritura a mano de un hombre. A menos que sean bastante nuevo, no hay dos de ellos escriben exactamente iguales. Algunas letras obtener más desgastadas que otras, y algunas el desgaste en un solo lado. Ahora, comentario en esta nota de los suyos, señor Windibank, que en cada caso hay una cierta torpeza poco más de la 'e', y un ligero defecto de la cola de la 'derecha' Existen otras catorce características, pero esos son los más obvios-.
-Nosotros hacemos toda nuestra correspondencia con esta máquina en la oficina, y sin duda es un poco gastada -contestó nuestro visitante, mirando intensamente a Holmes con sus ojillos brillantes.
-Y ahora yo te mostraré lo que realmente es un estudio muy interesante, señor Windibank-continuó Holmes. -Pienso en escribir otra pequeña monografía algunos de estos días en la máquina de escribir y su relación con la delincuencia. Es un tema al que he dedicado algo de poca atención. He aquí cuatro cartas que pretenden ser del hombre al que falta. Son todos los escritos a máquina. En cada caso, no sólo son los «e's» torpeza y la «r» sin cola, pero se observa que, si te importa usar mi lente de aumento, que las otras catorce características a las que he aludido son también allí.
El señor Windibank saltó de su silla y recogió su sombrero. -No puedo perder tiempo en este tipo de discurso fantástico, señor Holmes-dijo-. -Si se puede capturar al hombre, lo captura, y quiero saber si lo han hecho.
-Por supuesto -dijo Holmes, pasando por encima y girando la llave en la puerta. -¡Yo le permiten saber, entonces, que le he cogido!
-¡Cómo! ¿Dónde? -gritó el señor Windibank, palideciendo a los labios y mirando a su alrededor como una rata en una trampa.
-Oh, no lo hará; en realidad no lo hará -dijo Holmes suavemente. -No hay forma posible de él, el señor Windibank. Es muy demasiado transparente, y era un cumplido muy mal cuando se dijo que era imposible para mí tan simple de resolver una cuestión. ¡Así es! Siéntese y deje nos hablarlo.
Nuestro visitante se desplomó en una silla, con un rostro lívido y un brillo de la humedad en la frente. -Es --no es recurrible -balbuceó.
-Me siento mucho miedo de que no lo es. Pero entre nosotros, Windibank, fue tan cruel y egoísta y sin corazón un truco de una manera tan pequeños que vinieron antes de mí.

Mr. Windibank gave a violent start and dropped his gloves. "I am delighted to hear it," he said.

"It is a curious thing," remarked Holmes, "that a typewriter has really quite as much individuality as a man's handwriting. Unless they are quite new, no two of them write exactly alike. Some letters get more worn than others, and some wear only on one side. Now, you remark in this note of yours, Mr. Windibank, that in every case there is some little slurring over of the 'e,' and a slight defect in the tail of the 'r.' There are fourteen other characteristics, but those are the more obvious."

"We do all our correspondence with this machine at the office, and no doubt it is a little worn," our visitor answered, glancing keenly at Holmes with his bright little eyes.

"And now I will show you what is really a very interesting study, Mr. Windibank," Holmes continued. "I think of writing another little monograph some of these days on the typewriter and its relation to crime. It is a subject to which I have devoted some little attention. I have here four letters which purport to come from the missing man. They are all typewritten. In each case, not only are the 'e's' slurred and the 'r's' tailless, but you will observe, if you care to use my magnifying lens, that the fourteen other characteristics to which I have alluded are there as well."

Mr. Windibank sprang out of his chair and picked up his hat. "I cannot waste time over this sort of fantastic talk, Mr. Holmes," he said. "If you can catch the man, catch him, and let me know when you have done it."

"Certainly," said Holmes, stepping over and turning the key in the door. "I let you know, then, that I have caught him!"

"What! where?" shouted Mr. Windibank, turning white to his lips and glancing about him like a rat in a trap.

"Oh, it won't do--really it won't," said Holmes suavely. "There is no possible getting out of it, Mr. Windibank. It is quite too transparent, and it was a very bad compliment when you said that it was impossible for me to solve so simple a question. That's right! Sit down and let us talk it over."

Our visitor collapsed into a chair, with a ghastly face and a glitter of moisture on his brow. "It--it's not actionable," he stammered.

"I am very much afraid that it is not. But between ourselves, Windibank, it was as cruel and selfish and heartless a trick in a petty way as ever came before me."

-Ahora, déjenme hablarles sobre el curso de los acontecimientos, y que me contradigan si me equivoqué.
El hombre se sentó acurrucado en su silla, con la cabeza caída sobre el pecho, como quien está completamente aplastado. Holmes metió los pies en la esquina de la repisa de la chimenea y, echándose hacia atrás con las manos en los bolsillos, comenzó a hablar, y no a sí mismo, al parecer, que para nosotros.
-El hombre se casó con una mujer mucho mayor que él por su dinero -dijo-, y contaba con el uso del dinero de la hija mientras ella vivía con ellos. Era una suma considerable, para las personas en su posición , y la pérdida de lo que han hecho una gran diferencia. Valía la pena un esfuerzo para preservarla. La hija de una buena disposición, amable, pero cariñoso y cálido en sus maneras, de modo que era evidente que con ella justo ventajas personales, y su pequeña renta, no se les permitiría permanecer solteros largo. Ahora su matrimonio significaría, por supuesto, la pérdida de cien libras al año, así que ¿qué su padrastro hacer para prevenirlo? Toma lo obvio curso de mantenimiento de ella en la casa y la prohibición a que busque la compañía de personas de su edad. Pero pronto se encontró con que no respondía siempre. Ella se convirtió en inestable, insistió en sus derechos, y finalmente anunció su intención positiva de ir a un bolas. ¿Qué hace su padrastro inteligente hacer entonces? Él concibe una idea más honor a su cabeza que a su corazón. Con la complicidad y ayuda de su esposa se disfrazó, cubiertos los ojos con gafas de color vivo, ocultó la cara con un bigote y un par de barbas tupidas, que se hundió en una voz clara susurro insinuante, y doblemente seguro a causa de la miopía de la chica, aparece como el señor Hosmer Angel, y mantiene fuera de los amantes de otros por hacer el amor a sí mismo.
-Fue sólo una broma al principio -gimió nuestro visitante. -Nunca pensamos que hubiera sido tan arrebatado.
-Muy probablemente no. Sea como fuere, la joven era muy decididamente llevado, y, después de todo resuelto su mente que su padrastro estaba en Francia, la sospecha de la traición ni por un instante entró en su mente. Ella se sintió halagada por atenciones del caballero, y el efecto fue mayor por la admiración expresada en voz alta de su madre. Entonces el señor Angel empezó a llamar, pues era obvio que el asunto debe ser empujado en lo que le iría si un efecto real debían ser producidos. Hubo reuniones, y la participación de uno, que finalmente le aseguraría afecciones de la chica de cambio de rumbo hacia los demás. Pero el engaño no puede mantenerse para siempre. Estos viajes fingió Francia eran bastante pesada. Lo que hay que hacer era claramente para que la negocio a su fin de manera dramática que dejara una impresión permanente en la mente de la joven y le impide mirar a ningún otro pretendiente durante algún tiempo por venir.

"Now, let me just run over the course of events, and you will contradict me if I go wrong."

The man sat huddled up in his chair, with his head sunk upon his breast, like one who is utterly crushed. Holmes stuck his feet up on the corner of the mantelpiece and, leaning back with his hands in his pockets, began talking, rather to himself, as it seemed, than to us.

"The man married a woman very much older than himself for her money," said he, "and he enjoyed the use of the money of the daughter as long as she lived with them. It was a considerable sum, for people in their position, and the loss of it would have made a serious difference. It was worth an effort to preserve it. The daughter was of a good, amiable disposition, but affectionate and warm-hearted in her ways, so that it was evident that with her fair personal advantages, and her little income, she would not be allowed to remain single long. Now her marriage would mean, of course, the loss of a hundred a year, so what does her stepfather do to prevent it? He takes the obvious course of keeping her at home and forbidding her to seek the company of people of her own age. But soon he found that that would not answer forever. She became restive, insisted upon her rights, and finally announced her positive intention of going to a certain ball. What does her clever stepfather do then? He conceives an idea more creditable to his head than to his heart. With the connivance and assistance of his wife he disguised himself, covered those keen eyes with tinted glasses, masked the face with a moustache and a pair of bushy whiskers, sunk that clear voice into an insinuating whisper, and doubly secure on account of the girl's short sight, he appears as Mr. Hosmer Angel, and keeps off other lovers by making love himself."

"It was only a joke at first," groaned our visitor. "We never thought that she would have been so carried away."

"Very likely not. However that may be, the young lady was very decidedly carried away, and, having quite made up her mind that her stepfather was in France, the suspicion of treachery never for an instant entered her mind. She was flattered by the gentleman's attentions, and the effect was increased by the loudly expressed admiration of her mother. Then Mr. Angel began to call, for it was obvious that the matter should be pushed as far as it would go if a real effect were to be produced. There were meetings, and an engagement, which would finally secure the girl's affections from turning towards anyone else. But the deception could not be kept up forever. These pretended journeys to France were rather cumbrous. The thing to do was clearly to bring the business to an end in such a dramatic manner that it would leave a permanent impression upon the young lady's mind and prevent her from looking upon any other suitor for some time to come."

—Por lo tanto los votos de fidelidad que se exija a un Testamento, y por lo tanto también el las alusiones a la posibilidad de que algo suceda en la misma mañana de la boda. James Windibank quería ser Miss Sutherland tan ligado a Hosmer Angel, y seguro con el fin de su destino, que durante diez años por venir, en todo caso, no habría escuchar a otro hombre. En cuanto a la puerta de la iglesia que él la trajo, y luego, como él no podía ir más allá, se desvaneció convenientemente por el viejo truco de caminar por una puerta de un coche de cuatro ruedas y salir por la otra. ¡Creo que esa fue la cadena de acontecimientos, el señor Windibank!

Nuestro visitante había recuperado algo de su aseguramiento, mientras que Holmes había estado hablando, y él se levantó de su silla de ahora con una mueca fría en su pálido rostro.

—Puede ser así, o puede que no, señor Holmes —dijo que— él, pero no a mí, si tú eres muy fuerte que debe ser fuerte lo suficiente para saber que eres tú quien está violando la ley ahora, y. No he hecho nada de recurso de la primera, pero siempre y cuando mantenga la puerta cerrada pones a ti mismo objeto de un recurso por asalto y constreñimiento ilegal.

—La ley no puede, como usted dice, se toca —dijo Holmes, abriendo y abriendo la puerta—, sin embargo, nunca hubo un hombre que merecía un castigo más. Si el joven tiene un hermano oa un amigo, le debemos dar la un látigo en sus hombros. ¡Por Júpiter! —continuó, rubor hasta a la vista de la burla amarga en el rostro del hombre—, no es parte de mis deberes para con mi cliente, pero aquí es un cultivo de caza a mano, y creo que sólo se yo misma tener

——Tomó dos pasos rápidos hacia el látigo, pero antes de que pudiera comprender que había un ruido salvaje de pasos en la escalera, la puerta del vestíbulo pesado golpe, y desde la ventana podíamos ver al señor James Windibank corriendo en la parte superior de su velocidad por la por carretera.

—¡No es un sinvergüenza a sangre fría! —dijo Holmes, riendo, como él mismo dejó caer en su silla una vez más.

—Ese hombre se levantará de la delincuencia con la delincuencia hasta que hace algo muy malo, y termina en la horca. El caso tiene, en algunos aspectos, ha sido no del todo carente de interés.

—Ahora no puedo ver por completo todos los pasos de su razonamiento —comenté.

—Bueno, claro que era obvio desde el principio que este señor Hosmer Angel debe tener algún objeto sólido por su conducta curiosa, y es igualmente claro que el único hombre que realmente beneficiado por el incidente, por lo que pudimos ver, era el padrastro.

"Hence those vows of fidelity exacted upon a Testament, and hence also the allusions to a possibility of something happening on the very morning of the wedding. James Windibank wished Miss Sutherland to be so bound to Hosmer Angel, and so uncertain as to his fate, that for ten years to come, at any rate, she would not listen to another man. As far as the church door he brought her, and then, as he could go no farther, he conveniently vanished away by the old trick of stepping in at one door of a four-wheeler and out at the other. I think that was the chain of events, Mr. Windibank!"

Our visitor had recovered something of his assurance while Holmes had been talking, and he rose from his chair now with a cold sneer upon his pale face.

"It may be so, or it may not, Mr. Holmes," said he, "but if you are so very sharp you ought to be sharp enough to know that it is you who are breaking the law now, and not me. I have done nothing actionable from the first, but as long as you keep that door locked you lay yourself open to an action for assault and illegal constraint."

"The law cannot, as you say, touch you," said Holmes, unlocking and throwing open the door, "yet there never was a man who deserved punishment more. If the young lady has a brother or a friend, he ought to lay a whip across your shoulders. By Jove!" he continued, flushing up at the sight of the bitter sneer upon the man's face, "it is not part of my duties to my client, but here's a hunting crop handy, and I think I shall just treat myself to--" He took two swift steps to the whip, but before he could grasp it there was a wild clatter of steps upon the stairs, the heavy hall door banged, and from the window we could see Mr. James Windibank running at the top of his speed down the road.

"There's a cold-blooded scoundrel!" said Holmes, laughing, as he threw himself down into his chair once more. "That fellow will rise from crime to crime until he does something very bad, and ends on a gallows. The case has, in some respects, been not entirely devoid of interest."

"I cannot now entirely see all the steps of your reasoning," I remarked.

"Well, of course it was obvious from the first that this Mr. Hosmer Angel must have some strong object for his curious conduct, and it was equally clear that the only man who really profited by the incident, as far as we could see, was the stepfather."

-Entonces, el hecho de que los dos hombres no estaban juntos, pero que el uno aparecía siempre cuando el otro no estaba, era sugerente. Así fueron las gafas tintadas y la voz curiosa, que tanto alusión a un disfraz, al igual que el patillas tupidas. Mis sospechas se confirmaron todos por su acción peculiar en máquinas de escribir su firma, que, por supuesto, infiere que su letra era tan familiar que ella reconocería hasta la más mínima muestra de ello. ¿Ves todos estos hechos aislados, junto con muchos otros menores, todos apuntando en la misma dirección.
-Y ¿cómo la has verificar?
-Una vez visto mi hombre, resultaba fácil de obtener corroboración. Sabía que la empresa para la que trabajaba este hombre. Habiendo tomado todo lo que la descripción impresa. Eliminé, que podrían ser el resultado de un disfraz; las patillas, las gafas , la voz, y se la envié a la empresa, con la petición de que me informe si respondía a la descripción de alguno de sus viajeros. Me había fijado ya las peculiaridades de la máquina de escribir, y escribí al propio hombre en la dirección del negocio y le pregunté si iba a venir aquí. Como esperaba, su respuesta fue escrita a máquina y reveló los mismos defectos triviales pero característicos. El mismo puesto me trajo una carta de Westhouse y Marbank, de Calle Fenchurch, decir que la descripción contados en todos los aspectos con la de su empleado, James Windibank. ¡Voilà tout!
-¿Y la señorita Sutherland?
-Si yo le digo que no me creerá. Usted puede recordar el antiguo persa diciendo:«No hay peligro para él que quita el cachorro de tigre, y el peligro también para Quien arrebata un engaño de una mujer.» -No hay tanto sentido en Hafiz como en Horacio, y tanto conocimiento del mundo.

"Then the fact that the two men were never together, but that the one always appeared when the other was away, was suggestive. So were the tinted spectacles and the curious voice, which both hinted at a disguise, as did the bushy whiskers. My suspicions were all confirmed by his peculiar action in typewriting his signature, which, of course, inferred that his handwriting was so familiar to her that she would recognise even the smallest sample of it. You see all these isolated facts, together with many minor ones, all pointed in the same direction."

"And how did you verify them?"

"Having once spotted my man, it was easy to get corroboration. I knew the firm for which this man worked. Having taken the printed description. I eliminated everything from it which could be the result of a disguise--the whiskers, the glasses, the voice, and I sent it to the firm, with a request that they would inform me whether it answered to the description of any of their travellers. I had already noticed the peculiarities of the typewriter, and I wrote to the man himself at his business address asking him if he would come here. As I expected, his reply was typewritten and revealed the same trivial but characteristic defects. The same post brought me a letter from Westhouse & Marbank, of Fenchurch Street, to say that the description tallied in every respect with that of their employé, James Windibank. Voilà tout!"

"And Miss Sutherland?"

"If I tell her she will not believe me. You may remember the old Persian saying, 'There is danger for him who taketh the tiger cub, and danger also for whoso snatches a delusion from a woman.' There is as much sense in Hafiz as in Horace, and as much knowledge of the world."

Made in the USA
Coppell, TX
20 December 2020